JN152864

古田博司

# 使える哲学

Discover

# はじめに

私の専門はもともと歴史学です。朝鮮半島の歴史を40年以上研究してきました。

西洋の哲学書は大学時代から読んではいましたが、あくまでも雑多な興味のうちのひとつに過ぎませんでした。しかし、15年ほど前から本格的に読むようになり、昨年はついに『ヨーロッパ思想を読み解く』（ちくま新書）という本を出すに至りました。

その理由は本書の後ろのほうでも触れていますが、２０００年ころ、朝鮮半島についてこれ以上研究していても先がないな、と気づいてしまったからです。企業家が先細りの事業に見切りをつけて新規事業を始めるように、新たな研究分野を見つけなければなりません。そこで西洋哲学に力を入れるようになったわけです。

いわば素人として哲学を勉強していくと、日本の哲学研究をしている人たちのうちのかなり多くが、西洋から来たというだけで、根拠のないバカバカしい思想をありがたがって、さらに難しい理屈をつけて世の中に送り出し、人々を迷妄の森にさまよわせていることに気づきました。

その割に、そうした哲学研究者たちに西洋哲学の本質はわかっていないのではないか、だから自分も他人もさまよわせているのではないかと思うようになったのです。

では西洋哲学の本質とは何なのか考え続けていて、あるとき気づいたのが、西洋人の思考には「向こう側」の世界というものが存在するということです。

「向こう側」というと「あの世」とか「神の存在する世界」とか思うかもしれませんが、そうではありません。

西洋人の思考では、われわれの五感に感じる世界は「こちら側」で、こちらからは見えない、感じられない「向こう側」の世界というものがあるらしいのです。その「向こう側」は日本人の考える「あの世」ではなく、「この世」に属します。そして神さまのいる世界につながっているのです。

「向こう側」にはわれわれには感じられないけれど、「こちら側」の世界の根拠になるようなものが存在しています。そう考える西洋人は「向こう側」を探求し、目に見えない、感じられない物質の存在を発見し、近代科学を興隆させました。

しかし、そのように近代科学を発展させるのに貢献したのは西洋哲学の中でもイギリスの哲学でした。明治以来日本で重んじられてきた、カントやヘーゲル、フッサールなどのドイツ哲学は「向こう側」を拒否し、「こちら側」だけで教養を磨けば精神の高みに到達できると説き、近代科学に貢献しないばかりか、人々をいたずらに観念に迷わせることになりました。

私は、ドイツ哲学の迷妄の森に迷い込み、頭を無意味に煩雑化する必要はないと思います。もはやドイツ哲学を読む必要はないとさえ思っています。

またドイツ哲学に連なるマルクスの思想はやがて社会主義革命を引き起こし、多くの人々を不幸にしてしまいました。

「向こう側」に目をそむけるドイツ哲学の流れはフレンチ・セオリーと呼ばれるフランスの現代思想につながり、「脱構築」という考えを生み出して「虚構《うそ》」を世の中にはびこらせる結果になりました。

では「向こう側」をどのようにすれば知ることができるのでしょう。私は「向こう側」を知る方法を「直観・超越」「にじり寄り」「マーカー総ざらい」といった方法に整理し、それらについても本書で紹介することにしました。

たとえばビル・ゲイツがソフトウェアとハードウェアを分けることを思いついたのは「直観」ですし、グーグルの創業者の発想は「マーカー総ざらい」でしょう。「向こう側」へのアプローチは近代科学を興隆させましたが、現代でもビジネスの現場でイノベーションが起こることに貢献しているのです。

また「向こう側」の根拠を考えるようにすれば、私たちが生きている意味や仕事をしている意味を実感できるようになっていくでしょう。ただしそれは個々の「自分」が生きている意味や働く意味ではなく、人間の根拠であり自分の従事している業種の根拠を考えるのです。

昔の蒼白い哲学青年みたいに「自分が存在する意味」などを個人的に悩んでも答えは出ないし、まったく無駄です。生産的でないことはやめたほうがいいでしょう。

哲学が真理を教えるものだというのもドイツ哲学の悪い影響です。哲学というのはただ、哲学者が人を説得しようとしている話を聞く（読む）というだけです。別に真理を教えているわけではありません。もしそこに自分にとって役立つ考え方があったら、それを利用すればよいだけだと私は思っています。

この本は、哲学を「学ぶ」のでも「信じる」のでもなく「使う」ことを読者のみなさんにお勧めするために書きました。あなたがビジネスパーソンでも医師でも、教師でも学生でも主婦でも、それぞれの場所で「向こう側」を探求して、イノベーションを起こしていっていただきたいと願っています。

2015年11月　著者

# CONTENTS



# 1 日本人には見えなかった西洋哲学の秘密

# 2

# 「向こう側」からイノベーションが起こる

# 3

# 「使える学問」と「使えない学問」

# 4

# 仕事の意味、生きる意味を見つける

# 1

# 日本人には見えなかった西洋哲学の秘密

# 日本人の思考と西洋人の思考、最も大きな違いとは？

西洋の哲学書を読んでいると、わかりにくいところにぶつかります。それは、翻訳によって無理やりつくられた哲学用語が難解だということもあるでしょうが、それだけではなく、西洋人の思考の根本的なところが、日本人である私たちには腑に落ちないのではないかと思います。

それはいったい何なのか。もともと東洋史の専攻で、中国や朝鮮の思想についても学んできた私には、そうした非西洋の思想と比べることで、西洋哲学の特徴がはっきり見えてくる部分があります。

日本も含めて非西洋の思考法と西洋の思考法の最も大きな違いをひとつに絞ってみるな

らば、それは**西洋の思考には「向こう側」の世界というものが存在する**ということだと私は思っています。

「向こう側」と聞いて、瞬間的に「あの世」とか「神の存在する世界」などではないかと思われた読者もいるかもしれませんが、そうではありません。そのことについては、このあと詳しくお話ししていきます。

この本では、「向こう側」という発想を鍵にして、さまざまな職業や生活を持つ読者のみなさんが、ビジネスや人生においてものを考える方法を提案していきたいと思います。たんに西洋哲学がわかるというだけでは意味がありません。ぜひ、**哲学を使いこなして現実の問題に立ち向かっていただきたいと思います**。

西洋哲学になじみのない読者にも抵抗なく読んでいただけるよう、できるだけ哲学用語や固有名詞が出てこないようにするつもりです。

これから先に書かれていることを、ご自分の日々の仕事や家庭の暮らしに引きつけながらお読みになってみてください。

# DNA発見の源はアリストテレスにあった

さて、私が「西洋の思考には『向こう側』というものが存在するんだ！」という発想を得たのは、アリストテレス（紀元前384〜322）を読んでいたときのことです。

アリストテレスの『形而上学』という本を読んでいると、古代ギリシャ人の鼻の形の話が出てきました。「シモン」という鼻の形があるというのです。

それは「真ん中がくぼんでいる鼻」だと書いてあります。

「あ！　これはサンドラ・ブロックの鼻だな」とそのときピンと来ました。こういう鼻の持ち主は日本にもいます。女優の真木よう子さんはそうですね。

こういう鼻の形を「シモン」と言ったわけです。

## 「シモン」という鼻の形とは？

真木よう子
写真:アフロ

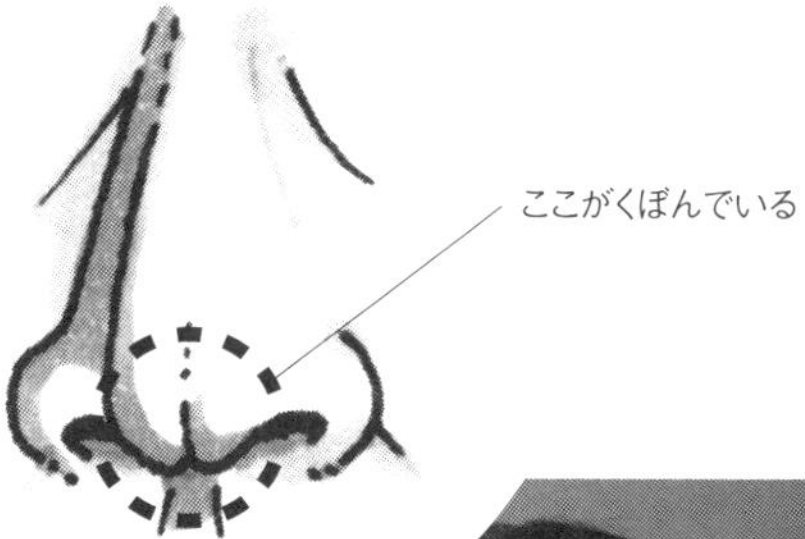

サンドラ・ブロック
写真:REX FEATURES／アフロ

## アリストテレスによる鼻の形が生まれる仕組み

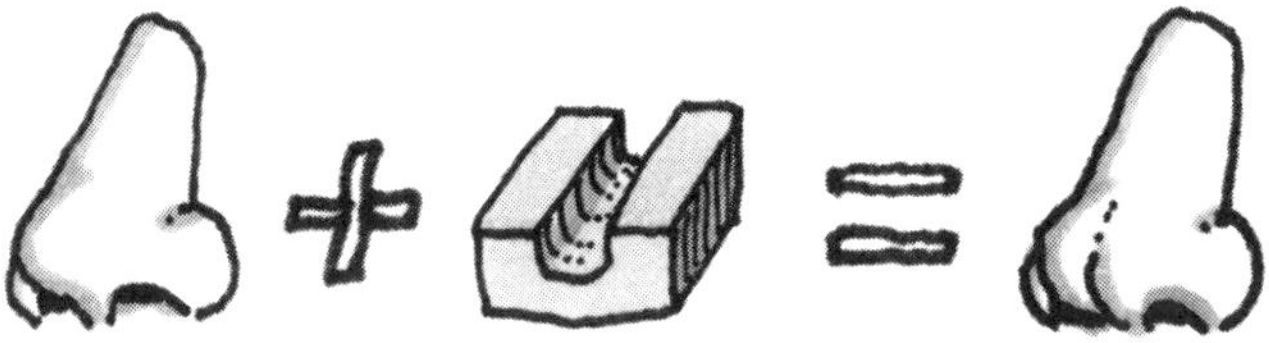


そして、アリストテレスは次のように話を進めていきます。その鼻の形がどうして生まれたかというと、このわれわれが生きる現実の世界に「鼻」という素材があって、その素材が「イデア」と結びつくと「シモン」になるというのです。アリストテレスは本当はエイドスといったのですが、イデアのほうがポピュラーなので、こちらを使いましょう。

この「イデア」というのは、「素材の後ろにある何か」なのです。「凹性」(くぼんでいる)というイデアがあって、それが鼻という素材と合体して、シモンになるのだと書いてありました。

このとき、「あ! そうか」と私は気づいたのです。「この『イデア』というのは、今でいう『DNA』のことなんじゃないか。もちろんアリストテレスはDN

Aなんか知らないけれど、それにあたるものがあることを見抜いていたんだ」と。

DNAが発見されるまでの道のりの最初が「イデア」なのだと私は気づいたわけです。「こちら側」にある素材の「向こう側」に「イデア」があるというのがアリストテレスの思考なのです。そして**アリストテレスから続く西洋哲学とその影響を受けた近代科学が「向こう側」を探求していき、DNAを含むさまざまな発見がおこなわれた**のではないかという考えが浮かびました。

ここから、私が「向こう側」をキーワードにして西洋哲学を読み解いていく試みが始まりました。

「向こう側」について、もう少し詳しく考えてみましょう。

**アリストテレス**

古代ギリシアの哲学者。プラトンに学び、少年時代のアレクサンドロス大王を教える。生物学、倫理学、政治学、論理学など多岐にわたる研究は後世に大きな影響を与えた。

# 西洋哲学の根本にある「向こう側」

アリストテレスの思考の中では、**われわれの目に見えたり五感に感じたりする世界は「こちら側」で、こちらからは見えない、感じられない「向こう側」の世界というものがあるわけです。**

「こちら側」と「向こう側」は、われわれ日本人の「この世」と「あの世」とは違います。アリストテレス、そしてその後の西洋の伝統的思考においては、「こちら側」も「向こう側」も、どちらも「この世」に属するのです。

さて、人間の心にとって自分の外にある物体は、目の視覚、耳の聴覚、鼻の嗅覚、舌の味覚、体皮の触覚、5つの感覚器によって切り取られたイメージの集合体だといっていいでしょう。けっして、物自体ではありません。

## 「こちら側」と「向こう側」、「この世」と「あの世」の関係

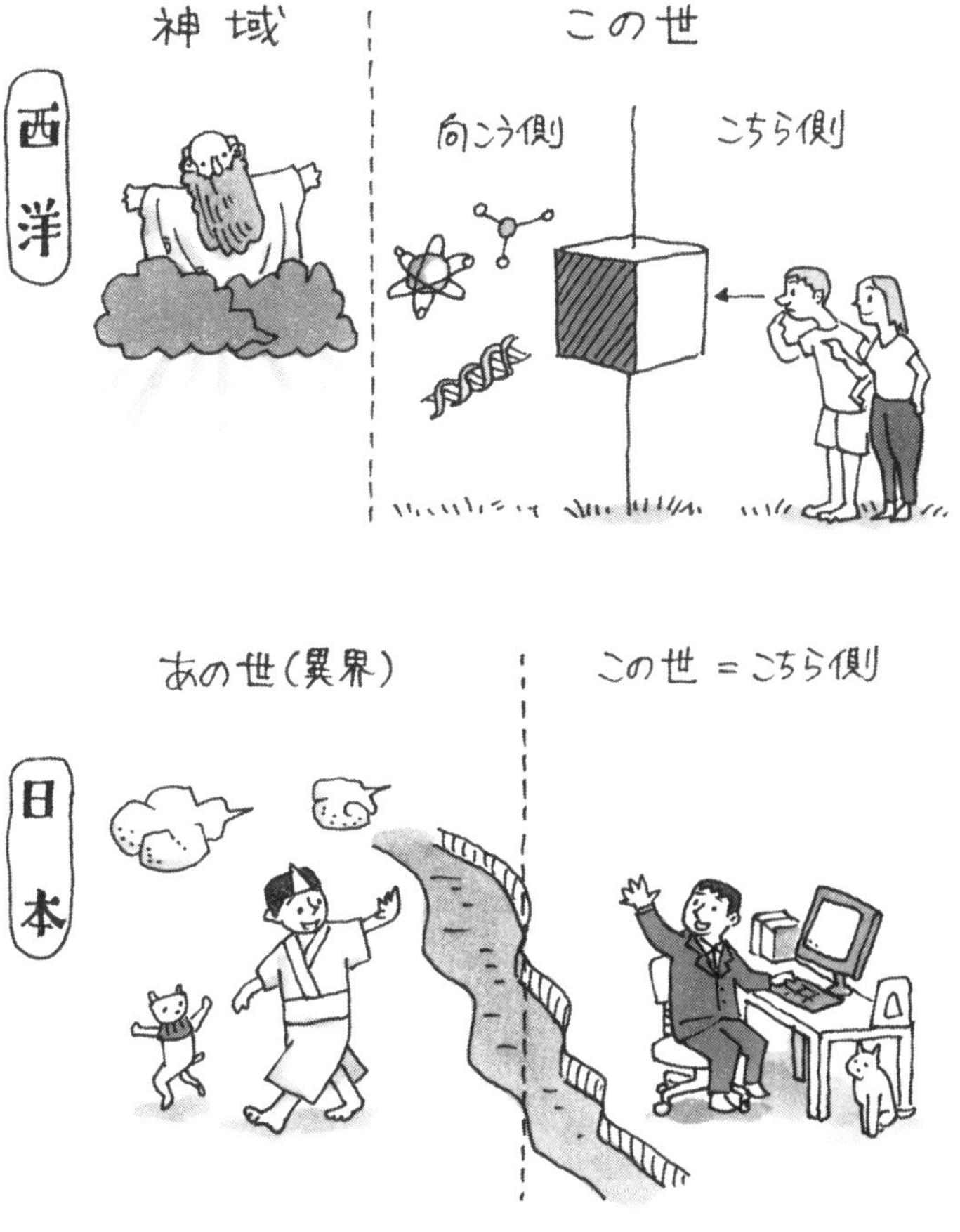

心のとらえる物のイメージの集合体はあくまで人間独自のもので、他の動物の切り取る物のイメージの集合体とは異なっています。この人間独自の世界を「こちら側」とすれば、物自体には、人間が人間の感覚器では切り取ることのできない、物の別の側面たちの集合体があることになります。

われわれ人間が自分の感覚器では切り取れなかった、物の別の側面たちの集合体が「向こう側」なのだといえます。これはヴァーチャル世界のように人造の世界でもなければ、スピリチュアルな世界のような不思議な世界でもありません。

「向こう側」（アザー・サイド）は、「この世」にあって、見えなかったり匂わなかったりする部分の集合。「あの世」（アナザー・ワールド）は、「この世」にはない世界のことです。

**「向こう側」はわれわれの感覚器ではとらえられない世界であって、「あの世」はわれわれの感覚器とは関係ない世界のことだと考えればわかりやすいでしょう。**

例をあげると、福島の原発事故で明らかになったように、放射性ヨウ素という「こちら側」からは見えない物質が「向こう側」から漏れ出ているわけです。そういう「向こう側」の物質を発見したのは西洋の近代科学でした。そしてその基盤となったのが西洋の哲学です。

**「向こう側」へと超え出る思考が、西洋の近代科学を生んだ**のです。向こう側に超え出るために使われる手段が、「実験」であり「観察」です。そうした科学的方法をとって「向こう側」へと超え出る試みが盛んにおこなわれ、西洋における自然科学の興隆につながったのです。

ただし西洋思想の中でも、「実験」や「観察」といった科学的手法を生んだのはイギリスの哲学でした。アリストテレスにつながる「向こう側」の探求を受け継いだのはイギリスの哲学だったのです。後でまた述べますが、イギリスの哲学とは逆にドイツの哲学は「向こう側」を否定または無視し、自然科学に貢献することはありませんでした。

**日本では哲学というとドイツ哲学が主流だと思い込まれていますが、「向こう側」を視野に入れた近代の哲学を始めたのは、じつはドイツではありません。イギリスなのです。**

だからこそ産業革命が最初に起こり、資本主義が一番発達したのでした。「ドイツ観念論」というのは結局のところ、ヘーゲル（後で詳しく述べます）を頂点として、ドイツで1920年代に再構成された、先進国イギリスで一巡した近代哲学の後進国におけるヴァリエーションにすぎませんでした。※

＊こういうすごいことを言ってしまうのは私ではなく、廣松渉先生です。五木寛之・廣松渉『哲学に何ができるか』中公文庫、1996年、28ページ参照。

「こちら側」だけの普遍的な知識を求めても、理由や根拠は見えない「向こう側」にあるのですから、本当の普遍に到達することなどできないとイギリスの哲学者たちは考えました。「こちら側」の普遍をあきらめたイギリスの哲学者は、「こちら側」に「向こう側」から付けられたマーカー（刻印）を見つけて網羅し、それらを類型化すれば「向こう側」に近づけると考えました。

その試みのひとつとして、ジェレミー・ベンサム（1748〜1832）は、「快楽と苦痛のリスト」を作成しました（24、25ページ）。自分の経験を当てはめてみてください。

ほとんどのことはどこかに当てはまると思います。非常によくできたリストです。

このように、「こちら側」に付けられた「向こう側」からのマーカーを総ざらいするわけです。そうすれば、「向こう側」には入ることができなくても、「こちら側」に人々が納得できる共通認識が形成されます。「こちら側」の無知の苦痛をできるだけ減らそうとしたのです。

グーグルの創業者、セルゲイ・ブリンとラリー・ペイジの「膨大なデータの集合から関連した情報を検索するシステムをつくる」という検索エンジンの発想も、ベンサムのしたこととほぼ同様だといっていいでしょう。

**ジェレミー・ベンサム**
イギリスの哲学者・法学者。功利主義の創始者。人間は本性的に快楽を追求し苦痛を避ける存在であり、「最大多数の最大至福」が社会の理想だとした。

### 苦痛のリスト

| | |
|---|---|
| ① 欠乏（喪失）の苦痛 | 満たされぬ欲望の苦痛（不満）、裏切られた期待の苦痛（失望）、善の享受の期待外れ（後悔）、魂の衰弱（倦怠）。 |
| ② 感覚の苦痛 | 飢え、渇き、心身の疲労、束縛、病、音や映像の不快、味覚・嗅覚・触覚の不快、寒さ・暑さの行き過ぎ。 |
| ③ 不器用の苦痛 | 器具利用のむなしい試み、困難な努力。 |
| ④ 敵意の苦痛 | 侮辱、攻撃、ある人の悪意を受けているという確信。 |
| ⑤ 悪名（悪評）の苦痛 | 周囲に嫌われている確信、世間の悪意を受けているという確信、侮蔑感、不名誉、道徳的制裁の予感。 |
| ⑥ 敬虔（信心）の苦痛 | 神の不興、来世の苦痛の確信、各種の迷信的恐怖。 |
| ⑦ 慈愛（好意）の苦痛 | 人や動物が受ける苦痛を思う同情や憐憫、同感の苦痛。 |
| ⑧ 悪意の苦痛 | 反感、嫌いな人がうまくやっているという苦痛、反社会的感情の苦痛。 |
| ⑨ 記憶の苦痛 | 苦痛の時に遡りながら味わう苦痛。 |
| ⑩ 想像の苦痛 | 気分のわるい諸事象の空想、試みの失敗の予感。 |
| ⑪ 期待（恐怖）の苦痛 | 心配、将来の失敗をおもう苦痛。 |
| ⑫ 連想の苦痛 | 文字通りの意味であり、これは「立法論」の方にはない。 |

ジェレミー・ベンサム『道徳および立法の諸原理序説』1789年刊（関嘉彦編『世界の名著38　ベンサム、J.S.ミル』1967年、中央公論社）、同J.ベンタム『民事および刑事立法論』1802年刊（長谷川正安訳、1998年、勁草書房）、以上2冊のリストの内容を組み合わせ補充した。まるカッコ内は後者の用語。

## ベンサムによる「快楽と苦痛のリスト」

### 快楽のリスト

| | |
|---|---|
| ① 感覚の快楽 | 眼耳鼻舌身の感官の快楽、快適、満腹、酩酊、性欲、健康、遊興、好奇心、新鮮・新奇・新しさの快楽。「新しさの苦痛」はない。 |
| ② 富の快楽 | 金銭や物の獲得と保持、享楽や安全の占有、豊富、肥沃。「富と獲得の苦痛」はない。 |
| ③ 熟練(器用)の快楽 | 上達、獲得、完遂、困難の克服。 |
| ④ 親睦(友情)の快楽 | 好意を受けて無償の奉仕を期待できる確信。 |
| ⑤ 名声の快楽 | 評判、名誉、世間や関係者の好意の獲得と保持の確信。 |
| ⑥ 権力の快楽 | 自分の善への期待で人々を自分に奉仕させることができるという期待、自分の悪への恐怖で人々を自分に奉仕させることができるという期待。「権力の苦痛」はない。その単なる欠如は悪ではないからである。 |
| ⑦ 敬虔(信心)の快楽 | 神の恩寵の獲得と保持の確信。 |
| ⑧ 慈愛(好意)の快楽 | 親愛の情、愛する人の幸福を考えることによって味わう快楽、好む人や動物による安泰の気配、愛の快楽。「愛の苦痛」はあるか? 或る者はその喪失で悩むかもしれない。 |
| ⑨ 悪意の快楽 | 憎悪、怒り、反感、反社会的感情、嫌いな者が苦痛を受けると嬉しい快楽。 |
| ⑩ 記憶の快楽 | 快楽の時に遡りながら味わう快楽(対象である思い出とともに変化する)。 |
| ⑪ 想像の快楽 | 心地よい諸事象の空想、芸術や科学の新しい観念や発見。 |
| ⑫ 期待の快楽 | 将来の希望という快楽。 |
| ⑬ 連想の快楽 | 賭けで負けた時でも勝った時の喜びとの連想で引き出すことのできる快楽。 |
| ⑭ 解放の快楽 | 苦痛の軽減や中止。 |

# 見えないものにたどり着くには？

「向こう側」についてさらに理解していただくために、私事を例に引きましょう。

今年の5月のゴールデンウイークに急に右腕が麻痺してきました。腕のやわな側を見ると、脈が太く浮き出ています。

ネットで症状を調べると、これはもうてっきり動脈硬化だと思われました。それで、休みが明けるとすぐに掛かりつけの内科へ行ったのです。

内科医は、「違うよ、ほら見てごらん。左側にだって脈が浮き出ているだろう。たぶん首の神経からきていると思うから、マッサージへ行って揉んでもらいなさい」と言います。

そこでマッサージにかかりましたが、少しもよくならず、今度は神経痛のような冷え冷えとした痛みが走るようになりました。本当に困りました。**痛みの「向こう側」が見えないのです。**

あわてないで、「こちら側」の現象をじっと見ることにします。よく見ると手首と肘の部分に赤い発疹が浮き出ているのに気づきました。そこで、皮膚科かなと思い、今度はそこへ行くと、これでやっとわかりました。

子どものころに入った水疱のウイルスが20代に発症して、帯状疱疹になったことがありましたが、それがそのままずっと潜伏していて、60代になって出てきたということらしいのです。

素人ですから、内科、マッサージ、皮膚科と「こちら側」をいろいろとさまよう羽目になったわけです。そして結果、たどりついたのが水疱のウイルスで、それが「向こう側」にいたということです。

こんなふうに、**私たちはなかなか「向こう側」にたどり着けません。**太く浮き出た脈や、首のところの疲れや、赤い発疹や、「こちら側」に出てくるものを私たちは見た目や、違和感や、痛覚などで切り取ります。

でもこの五感で切り取ったものが、そのまま「向こう側」に直結できるわけではありません。なにしろ「向こう側」は見えないのですから、いろいろと迷うことになります。水痘のウイルスなんて感じられるわけがありません。

# 「向こう側」を無視したドイツ哲学の失敗

カント（1724～1804）、ヘーゲル（1770～1831）、フッサール（1859～1938）といったドイツの哲学者たちは「こちら側」だけで普遍に到達することができると考えました。「こちら側」に引きこもって、「向こう側」の根拠から引いてしまったのです。

なぜそんなに「向こう側」を拒否するのかはよくわかりません。

イギリスのヒューム（1711～1776）という哲学者は、因果律を完全に否定しました。原因はすべて「向こう側」にあるので、「こちら側」では現象同士の関係しかわからないというのです。

「ヒュームのジレンマ」という面白い話があります。テーブルの上の10円玉を指先で押し

**イマヌエル・カント**

ドイツの哲学者。人は本当の物＝「物自体」を見ることは不可能で、自分の認識によって物自体とは違う対象を構成して「現象」としているのだと考えた。

**ゲオルク・ヴィルヘルム・フリードリヒ・ヘーゲル**

ドイツの哲学者。カントを批判し、人は弁証法によって絶対知と普遍的な真理を知る境地に到達でき、物自体も認識できると説いた。直観を嫌い、数学を直観の学だとして哲学よりも下位に置いた。ドイツ観念論の大成者といわれる。

てみてください。動きますね。

ほら、押す（原因）と動く（結果）は同時でしょう。間の時間はゼロですから、因果はないことになります。

因果が「直近」だとこのように極端なことになりますが、カントもこれで悩んでうまく解けませんでした。ですから苦しまぎれに「こちら側」だけで因果律は可能だと叫んだのでした。

つまり、ヒュームの哲学をうまく超えることができなかったわけです。

**エドムント・フッサール**

ドイツの哲学者。すべての超越的なものの実在を認めず、自然科学の哲学への介入を拒否した。現象だけを扱う「現象学」を提唱し、現象が人間にどのように認識されるかという、認識論の哲学を展開した。

**デイヴィッド・ヒューム**

イギリスの哲学者、歴史学者。因果関係は習慣による思い込みであって、自然界には存在しないと考えた。イギリス経験論の完成者といわれる。

その結果、ドイツ哲学は近代科学の役には立たなかったし、「こちら側」だけで究極の教養人にたどり着けるという人文社会科学の普遍信仰が生まれ、これに乗っかってマルクス（1818〜1883）が、世界の謎を解き明かすような大ボラを吹いたわけです。

現在では若者から老人に至るまで、ネットの知識の集積を検索して便利に活用しています。つまり、**近代哲学ではイギリスが勝ち、ド**

**イツが負けた**ということになります。ドイツ流の究極の普遍的教養人はいないことになったはずです。

こうして、近代科学に役立ったのは、イギリスの哲学でした。イギリスにはヒュームのように因果律を完全に否定する極端な人もいますが、みんなそうだったわけではありません。科学には因果律を考えることが必要ですから。

ドイツ哲学は「こちら側」に引きこもってしまったから科学に役立ちませんでした。ところが、**その引きこもりのドイツ哲学のほうが、イギリス哲学よりも日本人の気に入ったのでした**。なぜなのかを考えてみると、なんとなく偉そうだし、「楽」でもあったからではないかと思います。

**カール・マルクス**

ドイツの哲学者、経済学者、革命家。資本主義が発展の極みに達すると必然的に共産主義社会が到来すると説き、世界の社会主義運動に大きな影響を与えた。

# なぜ日本人はドイツ哲学が好きだったのか？

ドイツ哲学が「楽」だというのは、勉強が楽だという意味ではなくて、「向こう側」を考えなくて済むから楽だという意味です。日本人には「向こう側」という概念がないので、「向こう側」を考えなければならないというのは非常に大変なのです。

そして、ドイツ哲学とは反対に、イギリス哲学というのは日本人の目から見て「いやしい」感じがしたのではないかと思います。

たとえば、イギリスのベンサムやミル（１８０６～１８７３）の思想は英語でutilitarianismといいます。これを日本では「功利主義」と訳しました。明治のころに訳されたのでしょう。

「功利」というと、利益だけを追い求めるような感じがしますよね。こんな名付け方にも、イギリス哲学をおとしめるような考えが表れているように私は感じます。**utilitarianismなのだから、「有用主義」と訳してはどうかと思うのですが、どうでしょうか。**

ドイツ哲学が日本で好まれた理由をさらに考えてみると、朱子学と似ているので、日本人にとって馴染みやすい部分があったのかもしれません。

朱子学とは12世紀に中国で朱熹（1130〜1200）によって完成された儒学の思想体系です。それ以降の中国だけでなく朝鮮、日本、ベトナムなど東アジアの広い地域に影響を与えました。

**ジョン・スチュアート・ミル**

イギリスの哲学者、経済学者。ベンサムの功利主義思想を信奉したが、快楽の数量化に疑問を持ち、数量より質を重視し、肉体的快楽より精神的快楽を質の高いものだと考えた。

朱子学は、万物に「理」が宿っていると考えます（実は仏教の華厳宗から取り入れた考え方です）。「気」というガス状の物質が「理」の周りに固まって物体ができる。あるいは生物ができる。物にしても人間にしても、よくするためには、その「気」を晴らして、「理」を輝かせていかなくてはいけないと考えます。

したがって朱子学では、一番いやしいものは器。これは無生物のさまざまな物を総称していいます。

次は草木。草木はなぜいやしいかというと、頭（根）が下にあるからというのです。そして動物はその一段上。というのは頭が横にあるから。そして人間は一番上、頭が上にあるからという考え方です。

その人間の中にも小人がいて、君子、賢者、聖人がいます。聖人とは誰かというと、伝説上の君主、堯・舜です。賢者というのは、たとえば孔子など。君子というのは当時の士人たち（支配層の人たち）。そして小人というのは民衆です。

朱子学では、勉強することによって気が払われ、中の理が輝いていくと考えます。ですから、小人、君子、賢者、聖人という順序は濁っているものから清らかなものへと移っていく過程だとされます。そして清らかなものは、劣った濁ったものを支配するのは当然だと考えるのです。

ヘーゲルの考え方も、教養を身につけることによって段階を追って上がっていき、絶対精神に到達しようという発想ですから、朱子学に通じるものがあります。ヘーゲルも「勉強」が大事だと言います。そんなところが日本人の気に入ったのかもしれません。

ヘーゲルは哲学を勉強することによって上がっていく。朱子学も古典を勉強することによって上がっていく。しかし、どちらもまるで近代科学の役には立ちませんでした。

**朱熹**
南宋時代の学者。彼が儒学に仏教や道教の思想を取り入れて体系化した朱子学は、元・明では科挙の試験科目となり、日本では儒学を批判する国学や古学とともに武士階級に広まった。李氏朝鮮では国教となり、学閥の争いは血なまぐさい党争を招来した。

## ヘーゲルの考え方と朱子学の考え方は似ている

ドイツ観念論は全部「こちら側」の関係性を論じることになります。「向こう側」を否定しつつ、本当は始めから神のごとき自分を「こちら側」にこっそり忍ばせているのです。ヘーゲルは、人間に神の霊が宿っていて、それが歴史的に開花して聖霊なる神の時代がやってくる。自分はその時代の預言者だと思っていました。これが彼の描いた「近代」でした。

だからドイツ観念論の育てた「近代人」を「自己中心の人」「社会進歩を説く原始的野蛮人」「自己を神として仰ぐ者」「極端の主観主義者」だと批判した人がいました。内村鑑三です。そんなふうに、無限の自己の可能性を子どものころから教えられ、おろし金であなたを擦りおろしてしまうようなタイプの近代的な上司を見たことはありませんか。

ドイツ哲学の流れの中でも、神さまを完璧に排除したのがマルクスでした。

マルクスによれば、主体や意識もすべて「こちら側」の問題になります。「意識は社会が決定する」というマルクス主義の言葉がありますね。世間との関係の中で学んではじめて、意識や主体が発生すると考えるのがマルクスです。でもこれは間違っていると私は思います。

関係主義のヘーゲル・マルクスの対極にあるのが、「向こう側」は実体だと考える実体主義です。デカルト・スピノザ・ライプニッツ・ロックなどは、全部これですね。でも、これだけだと「こちら側」が色褪せてしまいますから、イギリス経験論が必要です。これも関係主義の対極にあって、経験さえ蓄積すれば、必ず意識は生まれるという考え方になります。つまり、幼児がひとりで毎日レゴで遊んでいても意識は生まれるのです。

この考え方からすれば、現在注目されている「人工知能」も、経験を積めば必ず意識を持つでしょう。ところがドイツ哲学流の考え方だと、人工知能はいつまでたっても、ただのロボットであって、意識は持たないことになる。私はロボットも経験を蓄積すればいつかきっと意識を持つと思います。

「物心がつく」という言い方がありますね。人間が生まれて経験がある程度積まれると、フッと自分を感じる。幼児のころに体験するでしょう。これが恐らく人工知能にも発生するのではないでしょうか。

「向こう側」にとってみれば、人間だろうとロボットだろうと、ある程度の知能があれば同じです。「向こう側」には有機物と無機物の区別などありませんから。

たとえば、われわれ人間は有機物ですが、薬の多くは鉱物からつくられますよね。これが「向こう側」でつながっている証拠です。一応、ベンゼンなんかを加えて有機化合物にして飲みやすくはしてありますが、それでも無機物です。それが体に効くというのは、無機物と有機物の区別が「向こう側」にないということでしょう。

ですからロボットも経験さえ積めば必ず意識が生まれるはずです。ドイツ哲学は世間の関係性から意識が生まれるという発想ですが、それは違うと思います。

ドイツ哲学のような関係主義ではなく、実体主義とイギリス経験論を採用するのがいいと私は思っているのですが、日本は近代までずっと関係性重視でやってきていますから、急に転換するのは無理かもしれません。ですから関係性も少しくらいは使ってもいいかとは思います。関係性にも有用性はありますから。

## イギリス経験論

あらゆる知識や観念は五感（聴覚、視覚、触覚、味覚、嗅覚）で得た経験から生まれるとする考え方。ベーコン、ロック、バークリ、ヒュームが代表的思想家。

でも関係性だけだと、がむしゃらで傲慢になります。一生懸命近代の階梯をのぼっていた昭和オヤジの私には少し懐かしいですけれど、「昔の近代日本のガンバリ屋さんには役に立った」程度の重んじ方でよいでしょう。

「向こう側」へのアプローチが、近代科学を発展させました。「向こう側」へのアプローチは哲学や科学だけに必要なものではなく、普通の人たちの仕事においても役立つ発想であるはずです。そこで次章では、私たちにはどのような「向こう側」へのアプローチが可能なのかを見ていきたいと思います。

# 2

# 「向こう側」からイノベーションが起こる

# 「向こう側」を知る4つの方法

## 「超越」「直観」「にじり寄り」「マーカー総ざらい」

西洋思想を見ていくと、「向こう側」を知る方法には4つあることがわかります。それを私は「超越」「直観」「にじり寄り」「マーカー総ざらい」と名付けました。それぞれについて説明していきましょう。

### ①超越

「向こう側」に超え出て、「こちら側」に有用性のある法則や理論をもたらすことを「超越」と呼びます。「向こう側」でどうなっているかは証明できませんが、しかしそれでも明ら

### ケクレ構造式

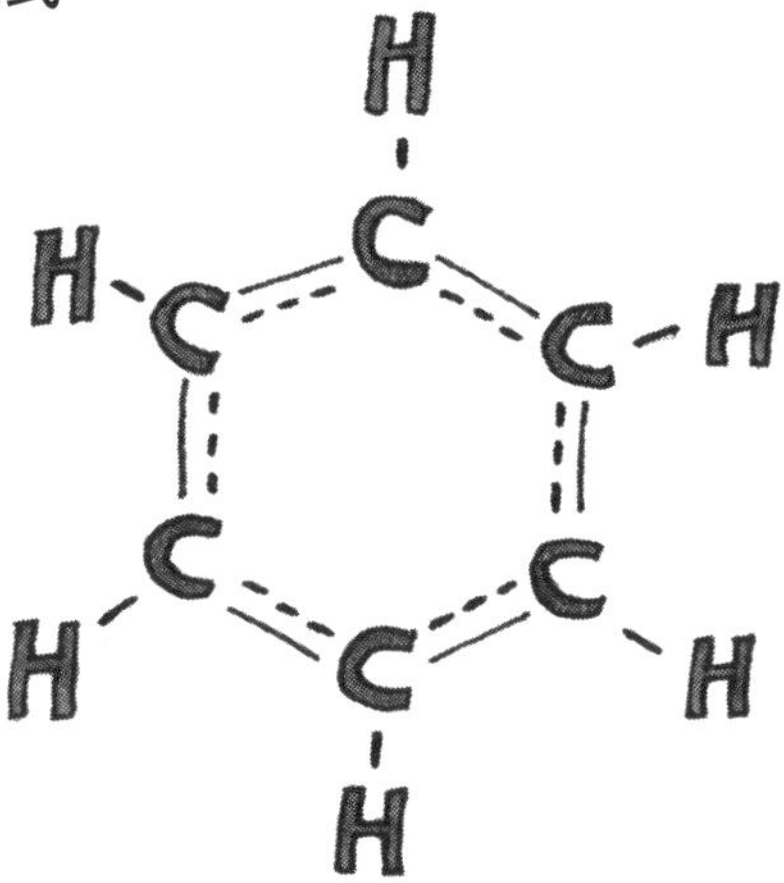


かに「こちら側」を豊かにしてくれるのが「超越」です。

具体的な例をあげましょう。マイナス1とマイナス1を掛け合わせると、プラス1になりますね。ところが、どうしてプラス1になるのかは証明できません。しかしこう考えるのがたいへん便利なわけです。**経験を超え出て無理なことをして、その結果として「こちら側」の世界にとって便利で有益な結果がもたらされる**というのが「超越」なのです。

他の例もあげてみましょう。化学で使われる五角形や六角形のケクレ構造式（上の図）を考えてみてください。

この世にある分子が、あんな亀の子の形を

しているわけがありません。ですから現実のものではないのですが、それでも化学を考えるときには非常に便利です。これも「超越」の産物なのです。

DNAのらせん構造も、現物とは違う美しいモデルで表現されています。（下の図）つまり、科学の規則や理論というものは「向こう側」に似ているだけで、現実に存在するわけではない。しかし、「こちら側」の認識を便利にしてくれるものだというわけです。

## ②直観

では「直観」とは何でしょうか。これは、**「向こう側」から急に「こちら側」に来るも**

DNAのらせん構造

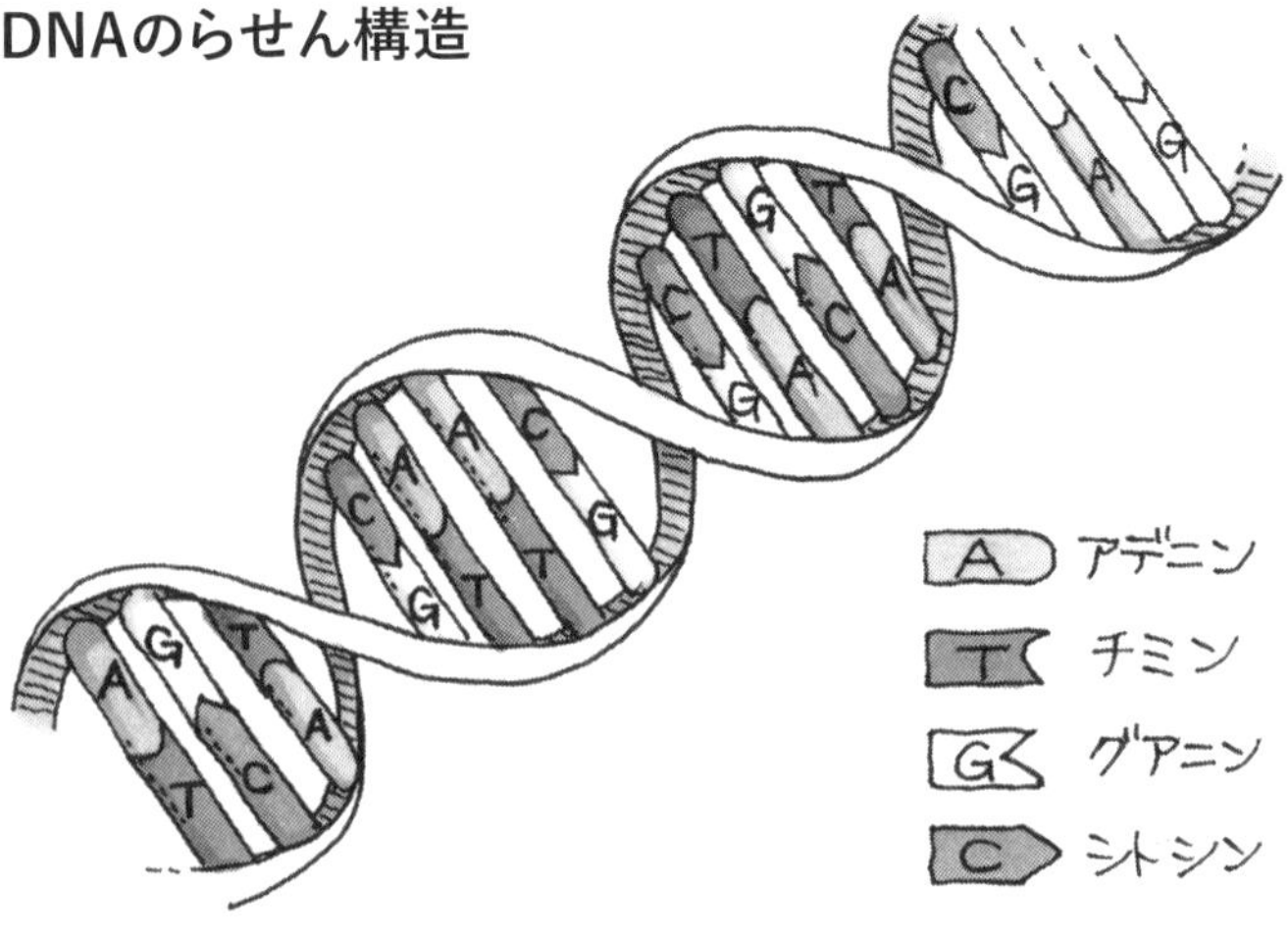

**のです。**たとえば、幾何学の問題を解くときの補助線のようなものです。急に補助線を思いついて、問題が解けることがありますね。「超越」のように「こちら側」から「向こう側」に超え出るのではなく、「向こう側」からやって来るわけです。

ビジネスの世界でいえば、ビル・ゲイツがソフトウェアとハードウェアを分けることを思いついたようなことが「直観」だといえるでしょう。

「直観」についてはあとでもっと詳しくお話しします。

### ③にじり寄り

これは文字通り**「向こう側」に少しずつ「にじり寄る」という方法で、主に科学の世界で使われています。**

2012年、熊本大学で、マグネシウムの2倍の強度を持つ合金を得るために、「向こう側」ににじり寄った大学の先生がいました。河村能人教授です。2年半、毎日、マグネシウムに少しずつ微量の他金属を加えて強度を測り、450種類もの試作品をつくり、ついにその合金を探しあてたのでした。

同年、ノーベル生理学・医学賞をとった山中伸弥教授も同様です。マウスのある細胞に4つの因子を導入することでiPS細胞ができるということを発見するのですが、これも細胞の「向こう側」がゆるしてくれる範囲の因子を探るため、実験でにじり寄るという手法をとりました。

ただし、すべてが「にじり寄り」だけだったわけではなく、4つの因子を確定するのに、24個の因子から一つひとつ抜き取ることにより実験の速度を速めたのは、まさに「直観」によるものでした。

## ④マーカー総ざらい

「こちら側」の普遍をあきらめたイギリスの哲学者たちは、「こちら側」の経験事象から「向こう側」の似かよったマーカー（刻印）を見つけて網羅し、それらを類型化することから始めました。

先にも述べたベンサムは、「最大多数の最大至福」を求めるべきだ、それには社会構成員の幸福の量を増やせと主張しました。

人々の快楽を増やせと言っているのではなく、幸福を増やせと言ったところが大事なところです。快楽を求めると、結果として悪になることがあります。幸福につながるとは限りません。それを踏まえて、ベンサムは「快楽と苦痛のリスト」（24、25ページ）をつくったのでした。

このリストは非常によくできていて、私たちの経験はすべてどれかに当てはまります。「向こう側」が不可侵領域であっても、「こちら側」に人々の共通認識が形成されるのです。「向こう側」の周りを観念論でぐるぐる回るよりは、こちらのほうがよほど有用性があるでしょう。

先にも述べたように、グーグルの創業者、セルゲイ・ブリンとラリー・ペイジの「膨大なデータの集合から関連した情報を検索するシステムをつくる」という、検索エンジンの発想も、ベンサムのしたこととほぼ同様でした。

**「超越」や「直観」とは違い、「向こう側」から「こちら側」につけられたマーカーをひたすら集め、総ざらいして「向こう側」に関する認識を得る方法です。**

この方法は「超越」や「直観」に比べて容易にできるので、よく使われています。たとえばアパレル・メーカーのH&Mは次のような方法をとっているということです。

H&Mはストックホルム本社に120人のデザイナー部隊（ほとんどが女性）を抱えます。デザイナーたちは年間6〜10回の海外視察ツアーをし、得た情報を即座に本社に送ります。

でも流行を見極めるのに、メジャーなブランドのファッションショーは気にしません。集めるのは東京・原宿街角での写真、映画館や美術館の様子、H&M店頭での観察。そして、全世界の2300店で今、何が売れているかの詳細な情報です。

彼女らがハカっているのは「今の流行の最先端」なのです。

それらすべての情報が通称「ホワイト・ルーム」に集められ、120人のデザイナー、60人のパタンナー、100人のバイヤーが「今見える、ちょっと先の流行」を選び出し、企画を立てていくのです。そして世界中にばらまいて、ダメならどんどん修正をかけていきます。

（三谷宏治『経営戦略全史』、ディスカヴァー・トゥエンティワン、２０１３年、３６８ページ）

「直観」に比べると、総ざらい法は誰でもいつでもできるものだといっていいでしょう。こちら側にあるマーカーを全部集めて、類型化し、概念化すればいいだけです。

私自身も、この方法をとることがよくあります。ここで、ちょっとした便利な秘訣を紹介しておきましょう。「類型化」の段階での秘訣です。

**人間の思考が処理できる分類というのは、だいたい３つが限度のようです。ですから類型化するにしても、３つ以上にするとうまくいきません。もし４つになるなら、それをさらに２つずつに分けたほうがいいのです。**

なかでも人間の頭にとって一番わかりやすいのは3ですから、無理をしてでも類型の結果を3にするといいでしょう。6だったら、2つずつ組にして3つにする。7だったら、要らないものを1つ落とす。そんなふうにして3つにすると、一番わかりやすいのです。

ひとつ、例をあげてみましょう。私は大学教授ですが、実は昔ながらの授業が大嫌いなのです。好き嫌いに理由なんかありません。なぜリンゴが好きでバナナが嫌いなのか、なんて説明できませんから。でも、大学教授が授業が嫌いだと困ります。

40年間困った挙句、大学院のゼミでついにカミング・アウトしました。私のゼミにはいろいろな分野の学生が来ます。生物資源学とか、システム情報工学の院生までメンバーです。そのシステム情報工学の若宮浩司君が、「先生、大学の講義には3つの類型しかないと思います」と言います。

「読経型・講演型・トレーニング型」というのが、彼の類型化です。毎年同じ内容をお経を読むように語る先生、講演のように熱をこめて壇上を行ったり来たりする先生、体育のようにするトレーニング型の授業。問題を出して討論する問題解決型もこれですね。

彼の指摘のおかげで、私はだいぶ楽になりました。3つを組み合わせて授業をすると効率もいいし、旧い大学制度のつらい学期がすぐ終わります。おかげで私の幸福度もずいぶん増しました。

以上、この本では「向こう側」を知る方法として「超越」「直観」「にじり寄り」「マーカー総ざらい」と4つ挙げていますが、これはこれから「直観」について主にお話しするための便法です。

39、40ページに書いた西洋哲学の流れの話に置き換えると、①と②が実体主義、③と④がイギリス経験論にあたります。「直観」と「超越」は、本来ひとつながりで1つにまとめられるので、実際は3つです。そうでないと直観はただの「揺らぎ」に終わってしまいます。「揺らぎ」については後述します。

# ビル・ゲイツの「直観」

ビジネスの世界では「直観」が大きなイノベーションにつながることがあります。「直観」についての事例を見てみましょう。

ＩＣＵメディカル社を創立したジョージ・ロペス医師は、普通の病院内で直観を得たといいます。

静脈管が滑脱して、ある患者が死亡したとき、ロペス医師は患者の妻に知らせようと、院内の固定電話に向かいました。そのときふと、壁にある電話のコンセントを見ると、コンセントのほうが静脈管より安定していることに気づいたのです。

こうして管を固定する装置を付けた新しい静脈内装置が生まれました。静脈管とコンセントの「向こう側」のつながりが、突然にやってきたわけです。

1974年冬、ポール・アレンはある朝、ニューススタンドで『ポピュラー・エレクトロニクス』誌の1月号の表紙に目をとめました。MITSという会社のアルテアという卓上小型コンピュータの写真が載っていたのです。内部には8080チップを搭載していました。そのとき、直観がアレンに飛来します。

アレンは直観を確認するためにビル・ゲイツを同じ場所に連れて来ました。ゲイツには一瞬にしてビジョンが見えました。

「みながこのチップのために本物のソフトウェアを書き始めるぞ！」

ソフトウェアとハードウェアの「向こう側」は分けることができるのだとわかったのです。

ゲイツとアレンは、ソフトウェアはハードウェアから独立して巨大なビジネスになることに賭けた。彼らの賭けの妥当性を事前に裏づけるような業界分析や過去事例は、今後も出現しないだろう。ブリンとペイジは、ポータルではなく検索がインターネットを征することに賭けた。彼の賭けの妥当性を事前に裏づけるような方法は存在しない。ジョブズが小型化するパソコンにGUIを組み込んだ事例や、ガースナーがシステム統合サービスを推進した事例も同様だ。

（ウィリアム・ダガン『戦略は直観に従う』杉本希子・津田夏樹訳、東洋経済新報社、2010年、162ページ）

直観には、現実妥当性を事前に裏づけるような過去事例は一つもありません。つまり、**それは経験の中から来るものではないのです。「向こう側」からやってくるものなのです。**ビル・ゲイツはそれを「仏陀の悟りに達したごとく」と言いましたが、仏陀はまったく関係ないでしょう。

ビジネスの戦略に「ブルーオーシャン戦略」というものがあります。競争の激しい既存の市場を「レッドオーシャン」（血で血を洗う赤い海）として、その反対に競争のない未開拓の市場を目指せというのです。

敵のいないところを狙えという戦略ですが、よく考えてみると、敵のいないところがそんなに多いとは思えません。敵がたくさんいるところに出ていかざるを得ないなら、直観で勝負するしかないでしょう。

# 直観は訓練で身につく

このように、世の中でイノベーションを起こしてきた人たち、たとえばゲイツは、コンピュータの「向こう側」が直観できたわけです。

ソフトウェアとハードウェアに分かれるというのも、ベッドとマットレスが違うというような、単純な発想だと思います。ベッドがハードで、マットレスがソフト。だからマットレスを替えていけばいいということですね。

そして、直観を得るということは訓練によってできるものだと私は思います。ひとつは、**常に自分を「準備段階」に置いておくことです。目標を持って、そこに到達するために何かをするという状態にしておきます。**

そして、何をするときも「向こう側」を考えてみることでしょう。

**ビル・ゲイツはコンピュータの「向こう側」を**
**こう「直観」したのかもしれない**

たとえば日常生活の中の小さなことでも、直観の練習はできるのです。私の例をお話ししましょう。

私はもう62歳になります。あと3年で定年です。50歳のときにサバティカルという制度でハワイに行ってきました。そのときに「あ！　これは晩年の予行演習だな」と気づきました。自分一人で暮らしていく予行演習だと思ったのです。

そこで、自分で料理することを始めました。自分一人で暮らすときに、料理ができないと困りますから、準備するわけです。そして今も、家ではときどき妻に代わって私が食事をつくっています。

やがて最晩年には自分一人になるかもしれない。そう考えると、情景が浮かんできます。そうだ、そのころには天ぷらも自分で揚げなきゃいけないな、なんて思う。それで天ぷらを初めて揚げてみることにします。

天ぷらを揚げながら、日本料理の「向こう側」とはいったい何だろう、ということを考えました。日本料理の「向こう側」の根拠さえつかめば、楽につくれるはずだと思ったのです。

最初に天ぷらを揚げたとき、どうもうまくいきません。鍋に海老を入れたら、細いまま揚がってきて、おいしそうじゃないんですよ。

そこでネットで検索したら、天ぷらの揚げ方が出てきました。海老の天ぷらの衣を大きくしたかったら、揚げている最中に溶いた天ぷらの粉を上からふり掛けるわけですね。なんともせこいやり方ではないでしょうか。


そのとき、「あ！　日本料理の『向こう側』(神髄といってもいいかもしれません)は『せこさ』だ」と気づいたのです。

「何でもせこくすればいいんじゃないか？」

だから次に煮物をつくったときは、最初から「せこいやり方」を考えるわけです。私は歯が悪いから、タケノコやらレンコンやらゴボウといった硬いものをどうするか。軟らかくするために先に熱湯につけておけばいい。そのあと、他の具と一緒に煮るのです。

これもせこい発想でしょう。要するに日本料理というのは、「細かい」「せこい」工夫なのです。

これが日本料理の「向こう側」の姿だとつかめれば、いろいろ応用が利きます。たとえばトンカツを揚げるにしても、一度では肉に熱が通り切らない。それなら二度揚げすればいい、とわかります。タイマーと温度計を買ってきて実験すれば、何分ごとの二度揚げをすればいいかもわかります。

「最初から料理の本を見ればいいじゃないか」と思うかもしれませんが、料理の本やネットに頼らずに料理をしてみると、直観の訓練になるのです。

他にも日常生活の中で、いろいろなことが直観の訓練にできると思います。みなさんも試してみてください。

# 直観が来たらすぐ言語化せよ

そして直観にはもうひとつ重要なポイントがあります。**直観が来たときに、それを即、言語化することです。**

私の専門分野だったら、「東アジア『反日』トライアングル」がその一例です。この本で使っている「向こう側」もそうですね。どれも単純な言葉です。

「東アジア『反日』トライアングル」は2005年に出した本ですから、もう10年が経ちます。当時は中国や韓国、北朝鮮を合わせてこのように表現したことでずいぶん批判も受けましたが、2015年現在、ほとんどの人は否定しないのではないでしょうか。

**何かの概念を表すためにどんな言葉を使うかは重要なことです。**

たとえば私は「道徳教育」には反対です。道徳ではなくて「常識」を教えたほうがいいと思うのです。「常識教育」といったほうが、若い世代にも受け入れやすいと思います。『日本の常識』のような題名の教科書をつくり、5年ごとに改訂していくといいでしょう。『日本の道徳』などという題名にして偉人伝を載せたりしたら、若い人たちが読みたがるわけがありません。東郷平八郎だとか乃木希典、中江藤樹、熊沢蕃山だとかを若者に教えたほうがいいと言っている人たちがいますが、そんなもの、若い人は絶対嫌がるでしょう。

それより常識を教えたほうがずっといい。「挨拶をちゃんとする」ことなんかを教えるべきです。

言葉の例を他にも見てみましょう。

私は行きつけの店の若い人たちに、

「きみたちさ、サービスを考えるよりも親切を考えたほうがいいよ」

とよく言います。

「サービスって言うと、義務みたいでしょう。親切なら、普通にできるじゃない。客はそっちのほうが嬉しいよ」と言うと、「ああ、そうか」とわかるようです。

「サービス」と言うと身構えてしまいますが、「親切」ならわかりやすいのです。たとえば、お客さんが持ちにくそうな荷物を持っていたら、「手さげ袋を差し上げましょうか?」と声をかけるのが「親切」です。「親切」のほうが「サービス」よりもずっと概念として広いし、わかりやすいのです。

たとえば「愛」という言葉も、「親切」や「やさしさ」と言い換えたほうがわかりやすいのではないでしょうか。西洋のloveの訳語としての「愛」は、日本人にはどうしてもわからないところがあります。明治時代に夏目漱石が、「I love you」を「月がとてもきれいだね」と、訳したという話があります。

それなら、「親切」や「やさしさ」でいいと思うのです。こちらのほうがよくわかるし、実行も容易です。

# そして「説得」が必要になる

直観が来て、それを言語化して、「これは絶対にいける」と思ったら、実現するために何が必要になるでしょうか。

企業に勤めている人なら、社内の同僚や上司に対して、あるいは取引先に対して、プレゼンテーションをするかもしれません。そのときに使う手段は「説得」ということになります。

どうしたら説得に成功することができるでしょう。一番重要なことは、信じていないと説得できないということです。

そして、**信じるために必要なことは、どれだけ「向こう側」の根拠に近づくことができるかということです。**「向こう側」の根拠に近づいて、自分の直観を信じることが、すなわち「自信」なのです。つまり「揺らぎ」をおさえ、「定着」へと向かいます。

ビル・ゲイツはコンピュータの「向こう側」は何なのかと考えて、「あ！　ベッドとマットレスを離しちゃえばいいいんだ」と気づいたのでしょう。すると自信が生まれるから、人を説得できるようになります。そして「定着」した論になれば立派に「超越」です。

イギリスの哲学者バートランド・ラッセル（1872〜1970）が『怠惰への讃歌』という本の中でおもしろいことを言っています。

　実際、理性だと私たちが考えているものの定義は、三つの特質で示されると思う。第一に、理性は権力よりも説得にたよっている。第二に、理性は論証によって説得しようとする。その場合、この論証を使う人は、それが完全に正しいと信じている必要がある。第三に、意見をたてる時、理性はできるだけ多くの観察と帰納を用い、直観はなるべく用い方を少くしようとする。……このように定義してくると、理性にたよるのは、自分と自分の話をきく相手の間に、利害と立場の面で、共通点がいくらかあることを予定している。……しかし一般に理性に訴えることは、私たちが貪りたべょうと思うものを相手としては、効果はないようだ。肉食を悪いことではないと信じている人々は、一匹の羊でもそれがもっともだと思うようにする論証を求めようとはしない。

（バートランド・ラッセル『怠惰への讃歌』堀秀彦・柿村峻訳、平凡社ライブラリー、2009年、95～96ページ）

「自分と自分の話を聞く相手の間に、利害と立場の面で、共通点がいくらかあることを予定している」というのはその通りです。そうじゃないと説得できません。

**そして「完全に正しいと信じている」ということが大事なのです。**

ここで「先見性」というものが必要になってきます。

**バートランド・ラッセル**

イギリスの数学者、哲学者、論理学者。数理哲学と記号論理学を発展させ、ヴィトゲンシュタインを指導した。平和主義の活動や『幸福論』他人生論でも有名。

# 先見性がなければ失敗するしかない

先見性というものも、「向こう側」から来るものだと私は思います。しかし、先に述べた「直観」「超越」「にじり寄り」「マーカー総ざらい」という方法の系列には属しません。これはまた別のものです。

自分の信じている将来像というのは先見性の問題だから、当たる人と外れる人がいます。そうすると、組織において問題なのは、どちらが勝つかということです。先見性の悪い人が勝つと、その組織は失敗することになる。先見性のある人が勝つと成功します。

ですから、**組織で問題が起きるときは、だいたい先見性が関わっています**。つまり、組織がAの道を取るか、Bの道を取るかを間違えると問題が起こるわけですから。

しかし、先が見えない人たちというのは、いかなる組織にもどうしても存在するものです。だから、説得が必要になります。

そして説得するときには、その先が見えない人を説得するのではなく、周りを説得することです。周りに自分の賛同者を増やしていくことです。

それでも、**自分の先見性が当たるかどうかは、現在の時点ではわからない**のです。自分を信じるしかありません。

とはいえ、私の場合には、これまで当たらないことはありませんでした。それは、現実妥当性ということを常に考えるからです。

たとえば、大学院で「曖昧専攻」という分野があります。私が所属している「国際公共政策」もそうです。何なのかと問われても、はっきり答えられない。実体は、国際関係と政治学と社会学という3つの分野の先生が集まっているだけなのです。

すると、これを純粋な形にしようとする人たちが出てくる。「こんな寄り合い所帯じゃいけない」というわけで、社会学を切り離せとか政治学を切り離せとか言うのです。

ところが、現実を考えれば、そんなことをすれば学生の人数が減るのは間違いない。それでは専攻自体が消滅してしまいます。でも、必ずそんなふうに理想を主張する人がいるのです。しかし、そういう方向に行ったら失敗することは明らかです。現実に沿って見ていくことです。

説得で勝つには、先見性が必要で、しかしその先見性が当たるかどうかはわからないという話をしました。しかし結局、先見性が当たるほうが多数決では勝つような気がします。やはり先見性の当たるほうはどちらか、たいていの人にはわかるのではないでしょうか。先日、揉めごとがあった大塚家具では、株主たちは会長の娘である社長のほうを選択しました。私も、娘の先見性のほうが当たると思います。高級家具なんか売っていても、もうダメでしょう。

大きな経営方針を切り替えるときは、一時的に収益が減るものです。株主もそれはわかっていて、娘のやり方が悪いから収益が減ったのだとは思わなかったということですね。

経営者に先見性があると、未来を間違えることがないから、社員は安心できます。たとえば読売新聞の渡邉恒雄さんには先見性があると私は感じます。

渡邉氏に先見性があると思う一例は、親中路線をとっていたかと思うと、中国がおかしくなってくると、ちゃんと離れるところです。先が読めるのでしょう。

中国を切れなかった朝日新聞や毎日新聞が、今、苦しんでいます。中国や韓国、北朝鮮の味方をしていたら、将来ダークサイドに落ちますよ。ダークサイドに落ちるかどうかは先見性の問題です。

戊辰戦争で会津藩についたり第二次大戦で日本軍についたりしたら負けでした。社会主義についてもアウトでした。次は東アジアについたら将来ダメになる。朝日も毎日も、そのうち、どうしようもなくなるときが来るでしょう。読売はうまく逃げた。渡邉氏に先見性があるからです。

# 「チャレンジし、実践する」

東京の企業の幹部だったOBの方々の会合に、講演に呼ばれたことが何度かありました。そこでドイツ哲学がダメだったという話をすると、反応が手に取るように感じられるのです。終わると近寄ってきて、

「なんで信じてたんだろう?」って、みなさんおっしゃる。

逆に、「自分は旧制高校時代にドイツ哲学の偉大さについて習ったのだ。どうしてくれる!」と怒ってくる人もいました。

だが、それでよいのです。怒っているというのは、大いに反応してくれたということだから、話をしたこちら側としては大変ありがたい。やっぱり大企業のトップを務めるには哲学が必要だったのだなと実感できました。

自分としては、**勉強好きの人々がドイツ哲学の迷妄の森に迷い込み、頭を無意味に煩雑化する苦痛を減らしてあげたいと思っています。**ドイツ哲学はもう読む必要がなくなっていると私は思います。

しかし、大阪で同じような会合に呼ばれ、同じ講演をすると、非常に反応が鈍いのです。大阪は遅れているのだと私は思っています。「大阪人の町人魂」だとか「商人気質」だとかいった虚構に頼り切っているのかもしれません。

3年連続で最高益を更新したトヨタ自動車の豊田章男社長は「チャレンジしなくなれば必ず成長は止まる。結果が出る、出ないではなくチャレンジし、実践する段階に入った」と記者会見で話しました。

「こちら側」をどんどん便利にして「無知の苦痛」を減らし、「知の快」を増やしていく。そのためには直観と超越で次々とイノベーションしていかなければなりません。「向こう側」へ飛ばなければならないのです。**チャレンジし、イノベーションしなければ沈滞していくしかありません。**

ところが、大阪では橋下徹大阪市長（当時）の大阪都構想の是非を問う住民投票が行われ、否決されてしまいました。これで大阪はさらに10年遅れる、と私は思ったものです。大阪の伝統が壊れるとか、5つの特別区の区割りの意味が見出せないとか、そういった些末なことは問題ではありません。改革とか挑戦ということになれば、人もモノも金も大阪に流れ込むでしょう。そちらの先見性のほうが、はるかに重要だったのです。「結果が出る、出ないではなく、チャレンジし、実践する」ことが大事なのです。

# 3

# 「使える学問」と「使えない学問」

# 「使える学問」「使えない学問」そして「嘘の学問」

前にアリストテレスの話をしました。普通に読んでいたら難しいアリストテレスも、「向こう側」という考え方をつかんでしまえば、楽に読めるようになります。

本来、難しいものではないのに、日本の哲学界の訳語では「形而上学」とか何とか、難しいことを言いますよね。「形にして、しかも上の学」？　何を言っているのかわかりません。

私は、何を言っているのかわからないものは信じません。哲学の本を読むときのひとつの秘訣は、**わからない言葉は信じない**こと。その代わりに自分で言葉をつくってしまえばいいのです。「向こう側」という言葉を私がつくったように。

ヨーロッパでは「向こう側」を「イデア」といいますが、日本人にはピンとこない言葉ですから、「向こう側」といっておけばいいのです。

**それでもわからないところがあったら、飛ばせばいい。**飛ばしても困りません。というのは、人間の知識というのは、すべてが役に立つわけではないからです。本に書いてあることを一字一句すべて理解しようなどとしなくていいのです。

たとえば外国語を話すのに、辞書1冊分の単語なんか必要ないでしょう。使っているのは、ほんの一部だけです。それと同じで、読む本のすべてを理解しなくてもいいのです。知識は一部しか役に立ちません。大学時代を思い返してみてください。役に立たなかった授業もたくさんあるでしょう。

たとえば私の場合は「労働価値学説史」というひどい授業があって、これはまったく役に立ちませんでした。「社会主義経済論」というのも、何の意味もなかった。意味のない授業はたくさんあります。

つまり、学問には、「使える学問」「使えない学問」そして「必要がない学問」があるということです。

「必要がない学問」は「嘘の学問」と言い換えてもいいでしょう。つまり、すべての学問は「嘘の学問」と「嘘ではない学問」の2つに分けることができて、さらに、「嘘ではない学問」には「使える学問」と「使えない学問」があるということになります。

悲しいことに、「嘘の学問」を一生教えている先生もいるわけです。本人も気づかないままに。

先ほど例にあげた「労働価値学説史」なんて、マルクスの「労働しか価値を生まない」という説について、一年間延々と教えられるわけです。

今やマルクスの思想自体に価値がないことがわかっています。マルクスの思想は「労働価値説」と「唯物史観」と「階級闘争」の3本の柱から成っているわけですが、今や1本も残っていませんね。

「労働価値説」は、商品の価値はその商品をつくり出すのに必要な労働の量によって決まるという考え方です。商品を生産することが富を生むと考え、流通過程を無視してしまったわけです。

ですから、社会主義国では経済がうまくいかなくなってくると、流通過程に従事する人間を原始経済に送り込んでしまうようになりました。山へ行ってキツネ狩りやらキノコ狩りをしろというふうに。

そんなことをしていたので、「労働価値説」を信じたソ連はじめ社会主義国はみんな、潰れてしまいました。

「唯物史観」は、歴史というものは原始共同体から奴隷制度、封建制度、資本主義制度、社会主義制度というふうに発展するという法則があると言っていますが、そんな法則を誰が決めたのでしょうか。実際、歴史を研究していけば、そのような法則に収まらない事実が数多く見つかります。

「階級闘争」とは、支配階級に対する被支配階級の闘争によって社会が発展してきたという考え方で、「世界の歴史は階級闘争の歴史」だなどとマルクスは言いました。しかし、たとえば搾取されるだけのプロレタリアートなど、現実には存在しませんでした。そんな目にあったら、映画の「ランボー」のようにみんな森に逃げますよ。

マルクスの思想に基づいて建設された社会主義国は経済が破綻してしまいました。マルクスの思想の3本柱は何一つ役に立っていないわけです。

とはいえ、嘘の学問であっても、気がつかない人が多ければ、ずっと続いていきます。ピケティの『21世紀の資本』という著書が人気を集めましたが、あの本も結構怪しい。何が怪しいかというと、経済学なのに論理的ではないところです。「今までこういう事象があったから、将来もこうなるはずだ」という書き方をしています。これは論理的な説明とはいえません。経済学は論理的に説明できなければいけないでしょう。

# 学問の淘汰が始まっている

では、「嘘の学問」と「嘘ではない学問」そして「使える学問」と「使えない学問」をどう見分ければよいのでしょうか。それには先見性が必要だと思います。

自分で言うのも何ですが、私は非常に先の見通しがいいと思います。いつも、だいたい10年先が読めてしまうのです。「こうなるな」と思っていると、実際にそのようになります。それは常に先がどうなるかを考えているからです。

私は2012年から2年間、専攻長という大学院の行政職をしました。私の専攻は国際公共政策というのですが、これはいわゆる「曖昧専攻」と呼ばれるものです。経済学専攻とか法学専攻というのは、どんな内容かはっきりしていますね。ところが、曖昧専攻というのは、その名の通り、何をするのかよくわからない専攻です。２００８年ぐらいから出現してきたと思います。

曖昧専攻には、「国際地域研究」とか「国際公共政策」といった名前がついています。「国際日本研究」に至っては、専攻長でさえも説明できません。

しかし、はっきり言って経済学や法学よりこちらのほうに学生が来るのです。結果として、法学と経済学は学生が来ないから、筑波大学では２０１５年の4月から廃止です。私はこうなるだろうとわかっていましたから、曖昧専攻をつくったのです。

専攻長に選ばれる2年前のことですが、教授会であまりにみんな先が見えていないから、私は「あなたたち、このままでいくと大変なことになるよ」と言いました。すると、そのときは発言をさえぎられてしまいました。

ところが、それから2年経った選挙で私は専攻長に選ばれました。これは、みんなもうどうしようもなくなってしまい、「あいつだったら先のことがわかるんじゃないか」というので選ばれたわけです。

私は自分の先見性に自信があったから、必ず定員充足率を100%にしようと思い、実際にそうしました。今や、大学院の博士課程の定員充足率が80%以下だと勧告対象になってしまうのです。100%にしておかないと圧力が掛かってくる。そしてちゃんとサバイバルに成功しました。

淘汰圧というのは逃げ場がありませんから、戦うしかない。そのときには先見性が絶対に必要です。そして日々、そういう体勢をとっていれば、先見性は磨けるものだ思います。先へ先へと読んでいく訓練をするのです。

# どんな学問が使えないか？

たとえば、現在「使えない学問」の例をあげるとすれば、フランス語やドイツ語、あるいはフランス思想やドイツ思想、フランス文学やドイツ文学だと私は思います。それには2つ理由があります。

ひとつ目の理由は、フランスやドイツから、今や思想も文学も来ないからです。

2つ目の理由は、もう現地に語学学校がいっぱいあるから、学生は直接、そちらへ行ってしまうということです。日本で第二外国語を習う必要はもうありません。はっきり言って、第二外国語は不要になったのです。

どこの大学でもフランス語やドイツ語の専攻は先生20人に学生1人といった割合になっ

てしまい、不要になってきています。

フランス語やドイツ語が習いたかったら現地の語学学校へ行って、その後でたとえばフランス思想史が勉強したいなら、そのまま現地の大学へ行けばいいという時代になっているのです。

これもグローバル化の影響ですね。

そういう流れがあるから、外国語専門の大学も存在意義が薄れてしまいました。大阪外国語大学は大阪大学に吸収されましたし、東京外国語大学も危なくなってきたから国際社会学部を置いて、なんとか命脈を保とうとしています。


では「使える学問」の例をあげるとしたら、そのひとつは政治学です。先ほど、筑波大学の話をしましたが、経済学と法学は社会系の学問としてはもう難しいでしょう。

なぜなら、法学はもう研究の段階を終えて、実学になってしまったからです。法学の研究機関としては東京大学だけ残せばいいと私は思います。学部の段階では必要ですが、大学院の法学専攻はもう要りません。筑波大学の場合は、大学院の法学専攻が5年間志願者ゼロだったので廃止になりました。

そして経済学は、すでに工学の分野の学問になったといっていいでしょう。金融工学です。文系の数学では太刀打ちできません。

どこの大学でも、経済学の先生方はアメリカに留学して一花咲かせて戻ってきた人たちです。日本ではたいしたことはしていません。

向こうはどんどん先に行ってしまっていて、持って帰ってきたものもプライドのカスみたいなものであって、日本では何もできないのです。そのあげく、大学院に志願者も来なくて、経済学専攻が廃止されてしまいます。

残された先生がどうなるかというと、生け簀の金魚のように放たれて、曖昧専攻がつかみ取りすることになります。惨めなものです。しかも、つかみ取りしてもらえない人が出ます。それはどういう人かというと、みんなに嫌われている人です。ここで人格が問題になるわけです。最後は人格なのですね。学びの最終目標は人格だと思いました。

こんなことが、もう日本中の大学で起こっているし、世界中でも起こっています。学問は不動のものだと思われていたが、そうではないことがわかってしまったからだと私は思います。

かつての近代という時代には、学問を研究することによって普遍的な知に到達できるはずだと、みんな思っていたわけです。でも、そんなことはもうないということに誰もが気づいてしまいました。前にも述べたように、インターネットにおける情報の集合体のほうがずっと有用性がありますから。

# 細分化した学問をどう間引くか

経済学や法学のような社会系の学問だけでなく人文系の学問にも、予算が少ないことも影響して、同じような淘汰圧が掛かっています。先ほどあげたドイツ語やフランス語、フランス思想などに限らず、他にもいろいろと不要な分野があるのです。

ただ、社会科学と人文科学は少し性質が違っています。人文科学のほうがタコツボ化が激しいのです。

社会科学だと、たとえば政治学のように間口が広い。ところが人文科学は、歴史学の中でも古代オリエント史、古代中国史、近世日本史等々、細かく分かれています。これをどうやって間引くかが争点となります。

私の所属する大学院の歴史学の先生と話したことがあるのですが、間引かなくてはいけないということは彼もわかっているわけです。そこで、古代オリエント史と中国古代史と、どちらを残したほうがいいのか聞いてみました。

するとその先生は古代オリエント史を取ると答えました。中国古代史は漢文の修業が大変です。そして努力したわりには生産物が少ない、今の中国とは関係ないから使えない。というわけで学生が全然来ません。

では古代オリエント史はなぜ残しておきたいのか聞いたら、この分野にはときどき天才が現われることがあるからだそうです。古代エジプト語からギリシャ語から、全部できる学生が急に来たりする。そういうときのために取っておきたいと言うのです。そして古代オリエント史は世界的に競える分野でもあります。

中国古代史は漢文の修業が大変だと言いましたが、中国哲学となるともっと大変です。中国哲学の授業というのは、漢文のテキストの中のたった2文字の解説に1時間かけたりするわけです。そんな気が遠くなるような修業が必要なのですから、学生が来なくなるのも当たり前です。

大阪大学を定年で辞められた中国哲学のK先生から電話がかかってきたことがあります。

「古田さん、どうしよう」とおっしゃる。「中国哲学、もう学生が来ない」

私は言いました。

「先生、あきらめてください。どうしたってもう来ませんから。でも、20年後ぐらいに、急にやりたい奴が出てきたとき、われわれが書いた本を読んでそこから別の発想ができるように、本だけは残しといてやりましょうよ」

中国哲学を専攻する人間がいるのは日本と韓国と中国ぐらいですから、なくしてしまってもいいわけです。

冷酷な言い方かもしれませんが、プライオリティを決めて間引いていかないと、もうどうしようもない時代に来ています。

# 「先見性の失墜」

他に不要な学問の例をあげれば、フランス現代思想でしょう。一見まだ人気があるようですが、実はすでに利用価値がないのではないかと思います。

たとえばミシェル・フーコー（1926〜1984）が「生権力」ということを言っています。われわれはあちらこちらから監視されていて、無意識のうちに社会の規範に従うようになるというのです。

フーコーは否定的にとらえていますが、本当にそうでしょうか。監視カメラを考えてみてください。非常に役立っていませんか。

沢口靖子主演の「科捜研の女」（テレビ朝日系）でも犯人逮捕に大活躍している。あれ

## 生権力

伝統的な権力は、死刑など権力者が人々の死を管理できることによる死の権力だった。現在の権力は、たとえば公衆衛生など人々の生を管理する生の権力だという。この「生権力」は人々が資本主義に適合するよう常に監視しているとされる。

はフィクションですが、寝屋川市で現実に起きた少年と少女が殺害された事件でも監視カメラが彼らの行動を記録していて、事件の解決に役立ちました。

監視カメラは他にも多くの事件で役立っていて、その存在は犯罪防止に寄与しているといわれています。

フーコーの言った状況はすでに実現していて、しかもわれわれにとって役立ってしまっている。いまさら反対する必要があるのでしょうか。

フーコーが「生権力」を唱えた時代（1975年前後）には監視カメラがこれだけ設置されている状況を見通すことはできなかったのでしょう。私はこれを**「先見性の失墜」**と

**ミシェル・フーコー**

フランスの哲学者。博士論文だった『狂気の歴史』から始まり『臨床医学の誕生』『言葉と物』『監獄の誕生』『生の歴史』等の著書を通じ、知と権力の関係を追究した。

呼んでいます。

また、「先見性の失墜」の典型的な例が、宇沢弘文（１９２８〜２０１４）の『自動車の社会的費用』（岩波新書）という本です。１９７４年に出版されたこの本にはこんなことが書かれています。

「自動車通行によって基本的な生活が侵害され、市民的自由が収奪されている」（17ページ）

「自動車はまさに生物体に侵入したガン細胞のように、経済社会のなかで拡大していったのである」（28ページ）

「自家用自動車を『マイカー』という言葉で呼んでいるが、この言葉ほど、自動車に対する日本社会の捉え方を象徴したものはない。他人にどのような迷惑を及ぼそうと自らの利益だけを追う、飽くことをしらない物質的欲望がそのままこの『マイカー』という言葉にあらわされている」（32ページ）

今の若者に読ませたなら、何が何やらわからず、ただポカンとすることでしょう。当時の車社会に対する宇沢氏の激しい呪詛のような言葉が連ねられていますが、現在から見ると、標的をことごとく外してしまっているのがわかります。これはまさに「先見性の失墜」です。あるいは「超越の失敗」ということになります。

当時はホンダCVCCなどの低公害エンジンがようやく開発されたてのころで、他方、富士の裾野では製紙会社が公害を大いに垂れ流していました。そんな時代に宇沢氏は義憤を発してこの本を書いたのでしょうか。彼は公害や環境問題にも取り組みましたが、日本の企業はその後すべての課題をみごとにクリアして発展していきました。

こんなふうに間違った「古典」を持ち上げてはいけません。しかし、左翼の運動をして

**宇沢弘文**

日本の経済学者。専門は数理経済学。シカゴ大学、東京大学などで教える。過度な市場競争や成長優先の政策を批判。環境運動にも積極的に関わる。

いる人たちにはそれをする傾向があります。というのは、**彼らには理想があるからでしょう。**

理想というのは、哲学用語でいえば「実在」すなわち本当に存在することではなくて、「当為」すなわち「こうすべきこと」だから、やってみた結果失敗してもいいと思っているわけです。そのため、先見性の失墜であることを認めずに続けようとします。

けれども、正しいものを支持する運動ならよいのですが、悪い考えや間違った考えを支持する運動であった場合、悲惨なことになってしまいます。

そうした運動とは違って企業の場合、そんなことをしたら潰れてしまいますから、**間違った考えはどんどん捨てていかなければいけません。**捨てていくことが私は正しいと思っています。大学もそうであるはずです。

# 「実学」とは、今を説明できる学問のこと

大学で実学を教えるべきだと主張している人たちがいます。私も大賛成ですが、どうもその実学という意味が、その人たちと私とでは違っているようなのです。

私は**「今を説明できる学問」**が実学だと思っています。

たとえば歴史学だったら、中国古代の細かなことだけを掘り返して終わるような研究は必要ないのです。**中国古代の研究であっても、今の中国を説明できるような研究をすればいい。**

実学を勧める人の中には、歴史学のような学問そのものが必要ない、大学を専門学校化するべきだと唱える人がいますが、そういうことではありません。

今を説明できない学問は、もうやめたほうがいい。今を説明できるのだったら、歴史学

でも社会学でも何でも続ければいいのです。

先ごろ話題になった、文科省が廃止に言及した人文系学部の見直しについても基本的には結構なことだと思っています。

でも、方針が極端で「国際」か「土着」かになっている。グローバル人材育成とか地域貢献とかいうものですから、「グローカルリーダーを育てよう」とか「経済学者がミカン農家の役に立とう」とか、曖昧さの反復だったり清水の舞台から飛び降りるようなものになったりしてしまう。

これまでの人材をうまく生かせるようにちょっとだけ変えればいいのです。そうでないとまた「画餅」です。

ですから研究者たちは自分の学問を、今を説明できるような学問にどんどん変えていかなくてはいけないというのが私の考え方です。どんな学問であっても「**すぐには役に立たないが、教養として必要だ**」という**考え方は意味がない**と思います。

私が朝鮮中世史を研究しているのは、今の朝鮮を説明するためです。なぜ朝鮮は南も北もこうなってしまったのか。中国との関係はどうしてこうなのか。それを解明するには、中世の文献を読まないとわからないから読んでいるわけです。**学問の目的を、常に今の説明に置くことが大切です。**

たとえば中東の歴史研究をしている人たちだったら、なぜ現在の中東の状況がこんなふうになっているのか説明できるようにしてほしいと思います。

# 近代＝普遍知の時代が終わった

近代というのは、「普遍知」の時代でした。**勉強していろいろなことを知れば、何か普遍的な知に近づけるという期待が、みんなにあったのです。**そういう意味で日本の近代というのは、明治から1990年代までだったと考えていいでしょう。

2000年代に入ったら、近代はどんどん壊れていきました。なぜかというと、インターネットが使われるようになったからです。**インターネットの情報の集合体は現実に存在します。理想の普遍知なんかよりずっと役に立つのです。**

インターネットの情報の集合は普遍ではないけれど、近似値に近づくことができます。

ですから、みんながそちらに行ってしまいました。

「普遍知」信仰を導いたのは、18世紀から19世紀にかけてのドイツ観念論者たちの普遍的理性の概念が大学のモデルとなって結実し、それがイギリス、アメリカ、ヨーロッパに広がり、明治の日本にまで及んでしまったことによります（吉見俊哉『大学とは何か』岩波新書、2011年、参照）。「普遍的理性」は始めから有用性や超越性とは対立するものだと考えられていました。

でも今では普遍知を誰も信じなくなりました。すると、学会が壊れました。学会は1年に1回しか開催されませんから、情報の伝達が遅すぎるのです。

昔は、学会に行くと何か得ることがありました。ところが今は、インターネットを見ればいいわけです。そのほうが情報を早く知ることができます。こうしてみんな、学会へ行かなくなります。

学会の参加費なんて1口8000円とか5000円ですから、バカバカしくて、誰も参加する気になれません。

参加するのは、学会の帰りにお酒を飲むのを楽しみにしている老人と、大学に職を求めている若い人たちだけです。この2種類の人しか学会には来ないのです。中堅クラスの研究者は学会になど来ないで、家で新書を書いています。そのほうが得ですから。

学会で発表をしても、学会誌に書いても、お金にはなりません。それだったら、本を書いたほうがいいとみんな思うのです。

近代が農民の時代だったとしたら、今は狩猟民の時代だと言えるでしょう。何でも自分で狩り出してくる時代。**「向こう側」に普遍的なものを狩り出しに行く必要があります。**

近代というのは、「こちら側」だけで普遍的なものが必ず手に入るとみんなが信じていた時代です。当時の雰囲気は、岩波書店が一番で、ヘーゲルが何刷も版を重ねていました。ヘーゲルの『大論理学』などが20何刷と版を重ねるのです。今では考えられません。

大学に入って、社会科学系だったら、絶対にウェーバー（1864～1920）とマルクスは読まなくてはいけないと言われます。特にウェーバーの『プロテスタンティズムの倫理と資本主義の精神』とマルクスの『ドイツ・イデオロギー』が必読でした。

しかしウェーバーについていえば、一番遅れた資本主義国であるドイツのプロテスタンティズムという宗教がなぜ資本主義にとって必要なのか、まったくわかりません。イギリスは国教会だしフランスはカトリックですから。

普遍知を担っているのはドイツ哲学とマルクス経済学だったのです。みんながマルクスを一生懸命に読んで、いつか普遍が手に入るに違いないという理想を持っていました。**当時の人たちは普遍知と理性を信じていました。「我思う、ゆえに我あり」に疑問を挟む人は誰もいなかったのです。**

今だったら、「我思う、ゆえに我あり」なんて否定されてしまいます。「思う」と「ある」は違うだろうと言われてしまうでしょう。「思ったからって、あるかよ」ということです。

**マックス・ウェーバー**
ドイツの社会学者。社会学だけでなく政治学、経済史、宗教史など広く研究した。プロテスタンティズムが近代資本主義の成立に寄与したという学説が特に有名。

## 「我思う、ゆえに我あり」

フランスの哲学者・数学者ルネ・デカルト（1596～1650）が著書『方法序説』で述べた命題。この世は夢かもしれないと疑ってみたとき、ただひとつ疑えないのは「夢かもしれない」と疑っている自分の存在だとした。

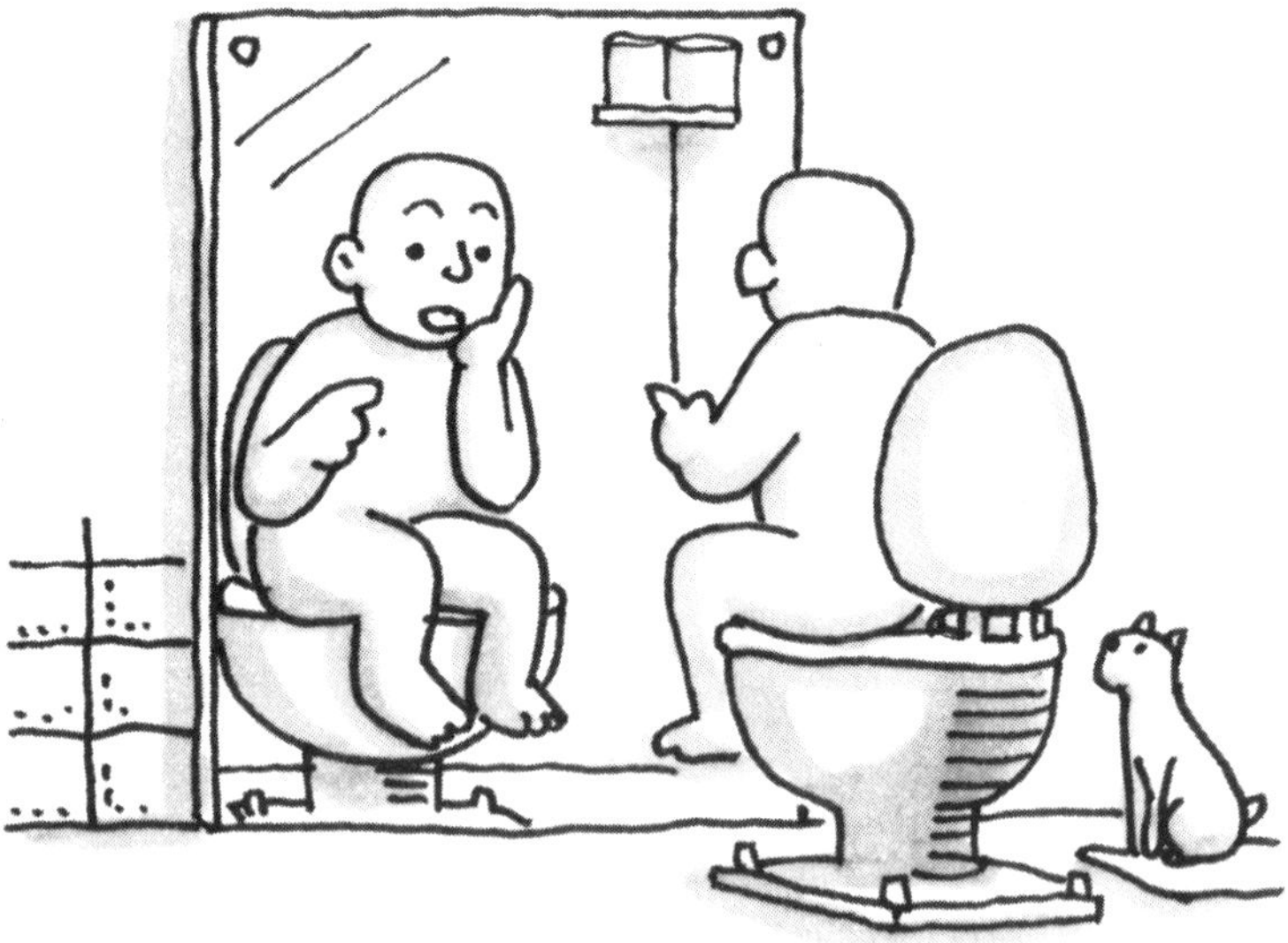

しかし、当時はみんな信じていました。教養主義の時代だったのです。

普遍知と教養主義が崩れたのは1970年代です。フランスから崩れていきました。ポストモダンの思想が出てきたのです。いわゆるフレンチセオリーです。フーコー、デリダ（1930～2004）、ジャン＝フランソワ・リオタール（1924～1998）といった人たちが主導しました。リオタールなどは、近代が終わったことを明確に宣言しています。

日本の場合には先に言ったように2000年代にインターネットによって崩れたわけですが、フランスの場合には、その前に西洋思想が崩れていく別の過程がありました。たとえばサルトル（1905～1980）が、レヴィ＝ストロース（1908～2009）にやり込められたりしました。

「あんたの言ってる理性なんていうのは、西洋だけのものだ。世界的な普遍性なんかないんだ」とレヴィ＝ストロースはサルトルに対して言いました。理性の普遍性を疑ったわけですね。

これは第二次大戦後に文化人類学が興隆したことと関係があると思います。私は「第二

### ジャック・デリダ

フランスの哲学者。西洋哲学は「善か悪か」「真か偽か」といった優劣をつける二項対立によって構築されているとし、それを覆す「脱構築」を唱えた。

### ジャン=フランソワ・リオタール

フランスの哲学者。ヘーゲルやマルクスが人類全体の進歩を語った「大きな物語」の近代は終わり、現代は多様な価値観の「小さな物語」が共存するポストモダンだと説いた。

### ジャン=ポール・サルトル

フランスの哲学者、小説家。人間は先に本質を規定された存在ではなく、人生の無数の選択を通して自分自身で本質をつくりあげる実存的存在であると主張する実存主義で有名。

### クロード・レヴィ=ストロース

フランスの文化人類学者。構造主義の祖とされる。親族構造を解明し、構造人類学を確立する。「未開社会」にも一定の秩序・構造があるとし、西洋中心主義を批判。

の地理上の発見」と呼んでいます。

それまでは人類学といえば形質人類学でした。1970年あたりから、日本でも文化人類学が盛んになりましたが、今ではもう見る影もありません。文化人類学隆盛の期間は短いものでした。今や文化人類学の人たちは農業指導に寄り添うなど、NGOモドキをやっています。

社会学も行き詰っています。社会学というのは、もともと近代的なものですから、近代が終わるとともに行き詰ってしまうのも不思議ではありません。引きこもりの研究とかニグレクト研究とかに行ってしまいます。そうでない人はみんなフランス現代哲学から反権力のほうへ行きます。

近代の秀才のお得意は、反国家、反資本主義ということですね。みんな左翼だったのです。しかし、近代の終わりとともに左翼の知識人も力を失っていきました。

# 力を失った左翼知識人

かつては、左翼の本を読んでもわからない人たちが右翼になっていたわけです。山本夏彦（1915～2002）と山本七平（1921～1991）が対談している本を読んだら、二人ともマルクスがよくわからなかったと言っていました。前の五千円札の肖像画の新渡戸稲造博士もわからなかったと告白しています。

「あ！　そうか。わからない人たちがこうなるんだな」とわかりました。福田恆存（1912～1994）も、たぶんマルクスがわからない人でしょう。

その違いは、**日本型知識人と西洋型知識人の違い**といってもいいかと思います。もっとさかのぼって江戸時代なら日本型知識人と儒教型知識人の違いだったでしょうし、もっと

**山本夏彦**

日本の随筆家、編集者。インテリア専門誌『木工界』（後に『室内』と改称）を創刊、同誌連載の保守の視点から世相を辛辣に批判するコラムにより知られた。

**山本七平**

日本の評論家。イザヤ・ベンダサン『日本人とユダヤ人』の著者とされる。日本人の思考・行動様式や日本社会の構造について数多くの評論を執筆、保守論壇で活躍した。

さかのぼると、**外来のものに飛びつく人とそれに背を向ける人**ということになるでしょう。

たぶん三島由紀夫（1925〜1970）は、マルクスを読んだらわかった人だと思います。あの人は西洋型知識人だと思うのです。ヘーゲルを読んでいるのは確かです。三島を読んでいると、ヘーゲルの真似をしているのがわかりますから。ただ、その真似がヘタなのです。弁証法みたいなやり方は、やっぱりもともと日本人の思考にはないからで

**福田恆存**

日本の評論家、翻訳家、劇作家、演出家。戦後の左翼全盛の時期に保守派の論客として活躍、平和論を批判し歴史的仮名遣いを擁護した。シェイクスピアの翻訳と演出でも有名。

**三島由紀夫**

日本の作家。海外でも多くの作品が翻訳され高い評価を得る。左翼革命勢力に対抗する民兵組織「楯の会」を結成。会員とともに自衛隊市ヶ谷駐屯地に籠城、割腹自決を遂げた。

しょう。

日本は後発国だったから、外来のものになんとかついていこうとしたのでしょう。知識人はまずヘーゲルを読み、そこからどうしてもマルクスへ行ってしまうから、反資本主義で左翼になります。そうではない知識人もいましたが、良質な部分は左翼でした。

右翼の知識人は良質だったとはいえません。たとえば神道系の人たちなどは学術的に評判が悪かったのです。

**折口信夫**

日本の国文学者、民俗学者、詩人、歌人。柳田國男に師事して民俗学の基礎を築いた。他界からの来訪者を意味する「まれびと」概念を提示した。

**本居宣長**

江戸時代の国学者。『古事記』の研究に打ち込み、注釈である『古事記伝』を著す。「もののあはれ」を日本固有の情緒として評価、外来の儒学を「からごころ」として批判した。

なぜそうなったかというと、左翼には読む文献が大量にあって、それを読み解いていくことができました。しかし、それに対して右翼には読むものがないのです。そのため自分の頭で考えたのですが、素材がないために、思考が雑なのです。

民俗学で折口信夫（1887〜1953）などは良質ですが、西洋の影響は感じられません。折口はたいへんな直観力を持っています。日本にはあのような直観の系譜というものがあると思います。本居宣長

**福澤諭吉**

日本の啓蒙思想家。慶應義塾の創設者。初め儒学のちに蘭学を学び、緒方洪庵に師事。英語を学んで幕府の使節に同行し米国や欧州を視察。維新後は教育と評論執筆に活躍した。

**岡倉天心**

日本の思想家。英語に秀で、フェノロサの助手を務めたことから日本美術史研究と美術評論で活躍するようになる。英語で書き米国で出版した『茶の本』が海外で広く読まれた。

（1730～1801）もそうです。外来嫌いといっていいでしょう。漢文の文献は読んでいたのでしょうが、わかっていたのかどうか不明です。

　明治に入ると、漢文のできない人たちは非常によくわかります。たとえば福澤諭吉（1835～1901）、岡倉天心（1863～1913）といった人たちです。この人たちは漢文ではなくて英語の文献を読んだ人たちですね。

　まとめると、外来の書物はたくさ

んあるので、勉強好きな人は外来好きで左翼になる。外来のものが嫌いな人は左翼ではなくて右翼になるが、読むものがないから、直観型になる。そういう2系統ですね。

一方、知識人ではなく実務家の人たちというのが別にいます。企業家や政治家などです。その人たちはマルクスを読んでいたわけではありません。松下幸之助にしても、マルクスとはまったく関係ありません。

考えてみると、近代の左翼知識人は、数からいえばほんの一握りだったかもしれませんが、その影響力は大きなものがありました。

近代がフランスにおいて1970年代に崩れ、ポストモダンの思想が出てきました。それが日本に80年代に入って来ましたが、当時の私たち日本人には、何を言っているのかよくわからなかったのです。ただ、なんとなく新しい感じがしました。そして、ポストモダンの思想を読み解いて伝えていた浅田彰さんたちもよくわかっていなかったようです。何か胎動があるということだけは自覚していたらしいのですが。

日本でポストモダンが本格的にわかるのは、2000年代に入ってからです。インターネットの出現によるところが大きいのです。普遍知なんか求めても手に入らないから、情報の集合体のほうがいい。そちらのほうがずっと活用できるし、有用性が高いのです。

そして、マスメディアというものが力を失いました。これによって昔は知の解釈権を握って民衆をリードしていた左翼の知識人たちが脱落していきました。近代の終わりとともに影響力を失ったわけです。

それにもうひとつ、社会主義が崩壊したことも左翼の没落に大きな影響を与えました。89年のベルリンの壁崩壊とともに社会主義の虚妄が晴れます。そしてグローバリゼーションが始まりました。

私は、社会主義がおこなわれていた地域はもともと資本主義ができる資質がなかったところだと思っています。しかし今はそれをクリアできる新しい資本主義になりました。つまり社会主義圏まで広がった資本主義というのを、私はグローバリゼーションだと考えています。

いろいろな変化が起こってきて、社会主義の虚妄が晴れたのに、その晴れることを嫌がった人たちがいました。彼らは社会主義を延命させるために、さまざまに社会主義の改良思想を編み出していくわけです。久野収（1910〜1999）、などいなだ（1929〜2013）、坂本義和（1927〜2014）といった人たちです。

彼らがアジア贖罪派と結びついて生み出したのが「地球市民」というものです。

ドイツでは東西統一後、旧東ドイツの大学で教えていたマルクス主義者たちは追放され、文字通り街頭でリヤカーを引く羽目になりました。

日本では社会主義の嘘が明らかになった後も社会主義を信奉していた人たちが地位を失うというようなことはなかったので、彼らは生き残って変身するわけです。それが「地球市民」なのだということを、私の弟子の猪熊隼人君が論証しています（『歴史通』2015年3月号）。

「アジア贖罪」というのは、60年安保の時にアメリカとの単独講和に反対だった人たちが、東アジアに日本人の関心が向くように編み出したものです。戦後すぐのころの敗戦国・日本には、アメリカにボロボロにされたという被害者意識しかありませんでした。それを日本の加害者意識にすり替え、東アジア社会主義勢力（特に北朝鮮）に対する共鳴板をつくり出したのです。

進歩的文化人と中・朝シンパ学者たちの合作による明らかな思想工作でした。敗戦後の日本人には「贖罪」と言っても最初何のことかわからず、彼らは仕方なく「謝罪」という言葉を使っていたくらいです。

しかし植民統治時代の朝鮮半島では、日本の近代化政策で年平均3・7パーセントも経済発展していたのですから、日本が罪を犯しただけとはとても言えません。そんな事情がわかれば、土台無理な洗脳でした。そして騙されたとわかればみんな怒ります。この感情が今日の「嫌韓」のもとにあるのです。

猪熊君は、「地球市民」とは社会主義の延命措置にアジア贖罪を絡めた混合思想にすぎないと見事に喝破しています。

**こういう思想を私は「虚構」と呼びます。根拠を無視したところに偽造される遊戯のことです。これを意図的に行うのがいわゆる「脱構築」です**（虚構や脱構築についてはまた後で詳しく述べます)。

遊戯なので芸術などには楽しみをもたらしますが、人文社会系の学問でこれをするのは罪深いことになります。

「地球市民学科」などという専攻がすでにこの世に存在していますが、「地球市民史」「地球市民論」などの虚構を教えられた学生がどのようになるのでしょうか。

# 4

# 仕事の意味、生きる意味を見つける

# 理想は人に迷惑をかける

かつて、この筑波にいい学園都市をつくろうということになりました。そこで、ある人が図面を引きます。何を手本にしたか。ソ連のノボシヴィルスクでした。それでみんなに迷惑をかけたのです。

非常に暮らしにくい街になってしまいました。大通りから直接、店に入れない。裏を回らないと入れない。道がまるでフォークみたいになっている。元に戻らないと、隣の道に行けないのです。ギャグみたいですよ。

ここはもともと野原で、何もなかったところです。そこに人工都市をつくり上げたわけです。私は人工的なものも好きですが、つくば市は**理想を持って何かをやると人に迷惑をかける**という好例になってしまっていると思います。

だから私は学生たちに言うのです。

「きみたち、理想なんかいらないよ。人に迷惑をかけるから。希望だけあればいい」と。

希望があれば生きていけるのです。へたに理想なんか持つと、それに縛られて進む道を修正できなくなってしまうことがあります。

学校を卒業して会社に入ったら、まずは落下傘でどこか戦略ポイントに降りなくてはいけません。まずとにかく降りて、そこから自分で作戦行動を取って進撃していく必要があります。敵はどこにいるかわかりません。

このとき最初から「敵はあそこに必ずいる」と決めてかかってしまってはいけません。これが理想を持つということです。行ってみたら誰もいないかもしれない。そして思いもしなかった方向から攻撃されるかもしれない。

あちらで煙が上がったとか、地面に耳をつけたら足音が聞こえたとか、自分で情報を集めて、一歩一歩、方向を修正しながら進むのです。

**学校で習ったことはみんな、初めがあって終わりがある。しかし、そんなものは現実にはどこにもありません。**とにかく戦略ポイントを自分で決めて、降下することから始めるのです。

そこは間違っているかもしれない。間違っていたら、しばらく進んでまた別のポイントに移らなくてはいけない。理想を持ったら全滅です。

近代が終わってしまって、普遍知の理想を失ったことは大きな影響を及ぼしました。理想というものは人に迷惑をかけるということがここでもよくわかりました。

社会主義の理想が、どれだけ多くの人を殺したか。ソビエトを見ても中国を見ても北朝鮮を見ても明らかですね。中国の文化大革命で５０００万人。北朝鮮で２００万。ソビエトにいたってはどのぐらい死んだかもわかりません。

理想を持つと、人は狂うということです。ただ現在は、それを失ってどうしていいかわからなくなってしまっているところがあります。

しかし私は、理想がなくなったのはいいことだとプラスに捉えています。戦略ポイントを自分で定めて出撃できるようになるからです。理想を持つと、そのポイントがわからなくなってしまいます。

普遍知という理想を失ったからといって迷う必要は何もありません。

# 「向こう側」の根拠を目指せ

理想がないとしたら、何を目指していったらいいのでしょうか。それは「向こう側」の根拠を目指せばいいのだと思います。何度も言うように、アパレルメーカーのやっている方法は非常に正しいのです。いろいろと多くのサンプルを集めて、次に流行る傾向はどの傾向であるかに迫っていくという方法です。

　そしてこのとき、「美を探求している」と思うことが大切です。そう思うことはプライドにもなるし、生きがいも生まれるでしょう。実際、美を探求しているわけですからね。**プライドというのは「向こう側」からもらうものです。**

「真・善・美」はヨーロッパ思想の古くからのテーマでした。「真」とは神さまを意味し、

「善」とは道徳を意味します。

これらは「いったい何だろう？」といくら考えても答えが見つかるわけではありません。神さまについて考えても個別の宗教の話になってしまうし、道徳はやはり個別の偉人伝を見るしかないし、美は自分の好きな画家の話になってしまうのではないでしょうか。

それなら、アパレルメーカーのように、「こちら側」にあるマーカーを集めて美の根拠へと近づいていくほうがいいでしょう。そのほうが目標が絞れて明確になります。あてどなく考えるよりも、よほど生きがいが生まれるでしょう。仕事に誇りも持てます。ただ考え込むのは迷妄の森をさまようことになります。

上司から「いま流行っている色を見つけてこい」と命令されたら、さまよっていてはダメですよね。しかし、明治以来のドイツ哲学の影響を受けた人たちは、さまようことが真理を追究することであって、正しいことのように思い込んできました。

**哲学というのはただ、哲学者が人を説得しようとしている話を聞く（読む）ということにすぎません。別に真理を教えているわけではないのです。**しかし、そこに真理があると思い込んでしまうと、迷妄の森にはまり込んでいきます。

そうではなく、イギリス哲学のように「こちら側」のマーカーを集めて、それで「向こう側」の根拠に近づいていくというふうに考えたほうがいいのです。

私が仕事にしている、学問における研究という行為は、「こちら側」の無根拠に耐えながら、「向こう側」の根拠に近づくことだといえます。そして実生活においても、私はそうしているつもりです。

つまり、「人生をどのように生きていけばいいのか？」という問いに対しても、このアパレルメーカーの方法が答えになるのだと思うのです。

「私」には「こちら側」の意味がありません。われわれはこの世に意味がなく生まれてくるのですから。そうなると「向こう側」の根拠を探すしかありません。

このとき、**探すべきは個々の「私」の根拠ではありません。「人間」の根拠です**。私にもそれが何なのか、まだわかりませんが、それを考えながら生きたほうがいいのは確かです。

# 生きている意味は「こちら側」にはない

「向こう側」の根拠を考えるようにすれば、生きている意味や仕事をしている意味を実感できるようになってくるでしょう。

芸術家の村上隆は、1960年代生まれ以降の者には「生きているということが実感できない」と言っています。これをなんとかしたいので芸術をしているのだそうです。

私が生きているのは、私という個体の「向こう側」に生かされているからです。

**「こちら側」だけで生きている意味を見出すことは、恐らくできません。**

人間は自分の運命の主人公にはなれないのです。だって、うつむき加減で人生の意味を悩みながら歩道を歩いていても、向かいから乗り上げてきた車に跳ね飛ばされれば終わりですから。

たとえば、「こちら側」の世界に散らばる「ために生きる」を集めて、生かされている意図を探るという方法はどうでしょうか。「子どものために生きる」「愛する人のために生きる」「友人たちのために生きる」……。

「自分のために生きる」というのは根拠がないことなので、じつは大変むずかしいことなのです。われわれは偶然この惑星に降り立っただけです。世の中のほとんどの人が、自分のためだけには生きてはいけません。

こうして集まった無数の「何々のために生きる」から、根拠のない自分に関わる要素を取り除いていけばいいでしょう。

**家門のため、権力のため、理想の世界を築くため……。そういう根拠のない「こちら側」の自分に関わる要素を省いていけば、「世のため人のために生きる」と、「向こう側のために生きる」という、2種類のマーカーがきれいに残ることになります。**

このように「向こう側」という認知をもてば、生きるという意味に関わる方法をいくつか増やすことができます。

「向こう側」を取り入れるというのは、日本人にとって一つのチャンスだと、私は思っています。「こちら側」の普遍信仰の数々が崩れ、いまの日本は「海の向こうから新しいものが何もやって来ない幕末」のようになってしまいました。だからこそ、**われわれにとって「向こう側」が、真に新しい、海の向こうなのです。**

考えてみれば、われわれは、すでに「向こう側のために生きる」ことを無自覚でやってきています。科学で「向こう側」ににじり寄り、数学で超越し、営業の途中で直観を得ています。そのような研究者やビジネスマンの先人たちのことを、学校と社会において学び続けてきたのです。

ですからこれからは、みんなで自覚的にそれをすればよいでしょう。

アスリートには、自分の身体能力がどの程度なのかわかりません。ですから、自分の「向こう側」が自分に許してくれる運動の範囲を探りながら究極まで走ります。シューズメーカーの担当者は、そのときの彼の足と靴と地面の「向こう側」を心で見ているでしょう。

内科医は患者の胸に聴診器を当て、呼吸音から、肺の「向こう側」を探ります。

「向こう側」は、さまざまなものの背後に、われわれの感覚器、神経網、脳の働く範囲を縁取っています。

ヨーロッパでは、「向こう側」は神さまのいるところと地続きでした。そこで、神の摂理を知ろうとする動機から、結果として諸学が発達したのです。明治以来、その学問を学び吸収してきたわが国では、そのようなことは思いもつきません。

知的好奇心と探究心から始まり、やればやるほど世の中が便利になり、心が自由になり、人々が喜ぶ、つまり「世のため人のため」よいことと思われて、その仕事に従事してきたのでしょう。


私はずっと、「向こう側」の「人間の根拠」は何かと考え続けています。これだけ長い間続いているということは、「向こう側」に何か根拠があるはずです。

もうひとつ、「国家」の根拠についてもずっと考えているのです。政体は時代によっていろいろと変わりますが、国家は常にあります。だから、「向こう側」に国家の根拠があるのだと思うのです。

国家や人間の「向こう側」の根拠について考えているというのは、精神的にいいのです。悩まないですみますから。

**個人的に悩むことほど、くだらないことはありません。**たとえば「自分はなぜ存在するのか」とか悩んでもしかたがないのです。

こんなくだらない問い掛けは、もうやめたほうがいいでしょう。理由なんてないのですから。自分が生まれてくるのは偶然にすぎません。だからそんなことで悩む必要はまったくないのです。不生産的なことはやめたほうがいい。そうすれば、気が楽になりますよ。

# 「向こう側」からミッションを得る

「向こう側」の根拠を考えるようにしていると、「ミッション（使命感）」というものを感じることができます。**「おまえはこれをやれ」というミッションを感じられるかどうかで、生き方が違ってくるでしょう。**

私自身もミッションを感じています。あるとき、自分が人より先が見えるのだと気づいたので、それを出していったほうがいいだろうと思ったのです。他の人たちが気づくのは10年後かもしれないけれど、それでいい。10年、我慢しようと思っています。

これからは、やはりなんといっても先見性です。イノベーションするには、絶対に先見性が必要だし、ミッションも必要です。

「うちの企業のミッションは」というふうに考えないで、業種のことを考えたほうがいい。たとえば自動車の会社だったら、自動車のミッションとは何かを考えるのです。車はいつの時代にもありますから、「向こう側」がある可能性が高い。


自動車のミッションといったら「人を乗せること」ではないでしょうか。

会社のミッションを考えるのは難しい。会社の「向こう側」はないかもしれません。でも、学校の「向こう側」ならあると思います。学校はいつの時代にもありますから。

たとえば、学校の「向こう側」は教えることと学ぶことかもしれません。2つあるけれど、「向こう側」はたぶん1つです。

光は、こちら側だと波と粒子ですが、「向こう側」はたぶん1つなのではないかと思います。光の「向こう側」はまだ解明できないから、「こちら側」の2つの姿しかわからない。「こちら側」で粒子になったり波になったりするのは矛盾があるから、必ず「向こう側」は1つのはずだというふうに科学者たちは考えて、いろいろと光の研究をするわけですね。

**どんな会社で働いている人も、自分の生産物の「向こう側」を考えればいいのです。**

商社に勤める人だったら、商取引の「向こう側」を考えればいい。これはかなり難しいかもしれませんが、考える意味があると思います。

# 哲学を難しくする必要はない

私が西洋哲学の勉強を始めたのは15年ほど前です。それまで朝鮮研究を30年やって、もうこの分野には先がないという予感がしたので、方向を転換したわけです。

そしてカントとかヘーゲルとかを読み始めたときに、とにかくわからないのです。これはおかしい、わからない理由があるはずだと考えました。

まず第一に、翻訳が悪い。

第二に論理的ではない。**論理的だったら誰でもわかるはずです。わからないということは、論理的ではないということです。**

そこで、なぜ論理的ではないのだろうかと考えたのです。それは「向こう側」があるからです。「向こう側」を含めて語るから論理的であるはずがないというのが私の答えです。

哲学を勉強している人たちは、頭が迷妄の森にさまよっている人が多いと思います。こんなバカな話はありません。哲学をやって、どんどん深みにはまって、さまよっている。崇拝者になっている者もいる。「デリダ様」「ヘーゲル様」のように。

なぜそんなふうになってしまうかというと、これはたぶん読み方がおかしいのでしょう。西洋の哲学者たちの共通に思っていたことと、われわれとのあいだに、大きなズレがあるのです。

哲学の研究者はなぜこんなに西洋人を敬うのだろうかと思います。ろくでなしだっているはずなのに。たとえば、ショーペンハウアー（1788〜1860）なんかろくでなし

**アルトゥール・ショーペンハウアー**

ドイツの哲学者。盲目的な生への意志によりこの世界は争いに満ち人生は苦となる。そこから逃れるには仏教の解脱が必要だという「厭世哲学」を唱え、ニーチェに影響を与える。

ですよ。脳はいいけれど、生き方はでたらめです。それをなぜこんなに尊敬するのでしょうか。尊敬する必要など全然ないでしょう。

哲学書に真理が書いてあるはずがない。真理など、手に入るわけがありません。真理は常に「向こう側」に、「向こう側」にと逃げていきます。追いかけても追いかけても、先に、先に行ってしまうものです。

日本で哲学を研究している人たちの本を読んでも、何を言っているかわかりません。研究の対象となっている西洋の哲学者が何を言っているのかわからないのとは違うわからなさがあります。それだったら、いっさい解説書を読まないほうがいい。私は解説書を読まずに、全部、原本を読むことにしました。

翻訳も何種類かありますから、2つぐらい比べて、いいほうを取って読みました。ヒュームなど、ほとんどいい訳がありません。戦前に出たものと、現在法政大学から出ている叢書ウニベルシタスに入っているものと、もう1冊図書館にあったものと、3冊を合わせて読んでみたら、非常に簡単なことを言っているのがわかりました。

# 脱構築の危険

先に、ドイツ哲学は「向こう側」を排除して、「こちら側」の関係性だけを考えていたと言いました。さらにいえば、その関係性に一定の構造があると考えるのが構造主義です。

しかし、「こちら側」の構造をいくら考えても意味がないと私は思います。類型化で終わるだけです。**「こちら側」に因果関係はありません。原因は必ず「向こう側」にあるのです。**

「こちら側」の世界に原因も結果もあるとカントは言いましたが、それは無理な話です。フッサールも、ヘーゲルもマルクスも同じです。ドイツ哲学はみな、「向こう側」を切り離して「こちら側」だけで完結させようとしてきましたが、その試みは失敗だったと思います。

そして、「向こう側」を蹴っ飛ばしてやろうというのがフランスで起こった「脱構築」という思想です。「向こう側」とそれに連なる神域を絶対視するカトリシズムから自由になりたかったのでしょう。

これはフランスのデリダが言い出したことです。彼は「向こう側」と「こちら側」の間に支配、被支配の関係があって、「向こう側」が「こちら側」を支配していると考えます。そして、この関係を打破しなければいけないと言います。

そのため、デリダは「向こう側」を「脱臼する」、あるいは「向こう側」の「蝶つがいを外す」などという表現で「向こう側」を冒瀆するのです。「向こう側」の根拠は一切無視して、「こちら側」だけで好き勝手にやればいいということです。

しかし、脱構築をすると、遊戯になってしまいます。遊びですね。この世界が遊戯になってしまってはいけませんから、脱構築は芸術、映画だとか小説だとかの仮想空間に限らないと危険です。

学問の世界でもやってはいけません。このことについては後でもう少し詳しく触れます。

産業界でも脱構築をしていいのかもしれません。たとえば、ジェットコースターを後ろに走らせた人がいます。ユニバーサル・スタジオ・ジャパンの森岡毅という人のアイデアで、大ヒットになりました。これは脱構築といえるでしょう。

ただ、全国のジェットコースターがそれ以来後ろに走るようになったというならイノベーションですが、そこまではいきませんでした。この程度のことは「揺らぎ」と名付けたいと思います。

とはいえ、揺らぎを起こして儲かるのなら、たいへん素晴らしいことです。ただ、揺らぎの多くは定着するところまでいかないので、儲けが持続しないのです。やはり揺らぎを定着させてイノベーションまで持っていくことが必要です。

ホンダの50ccが北米大陸を席巻したのはイノベーションです。これは「向こう側」の「乗り物」という根拠を無視しているわけではありませんから、脱構築ではないのです。

一方、電子マネーは脱構築です。脱構築というのは、「向こう側」の根拠を故意に無視したり、ただのマヤカシなのに開き直ったりするところから始まります。貨幣というのは、

「向こう側」の根拠が実はありません。だって、よその国の貨幣は自国では有用性がないのでみんなおもちゃに見えます。

ドルは世界通貨なのでおもちゃには見えにくいかもしれませんが、中国の人民元とか韓国のウォンなどはおもちゃそのものです。安っぽく見えるのですぐわかるでしょう。

電子マネーは「向こう側」の根拠がない貨幣のネット版です。ただの遊戯になってしまっています。だから危険だと思わなければいけません。

ゲームは美術・芸術系で、もともと遊戯なのですから、脱構築で問題ありません。建築もある程度は大丈夫ですが、現実と仮想の中間にあるものですから、脱構築をやりすぎてしまうと、人が住めない、あるいは使いにくい建物ができてしまいます。

建築の「向こう側」の根拠を考えてみると、「居場所」ということになると思います。ところが脱構築でそれを外してしまうなら、どんなふうにもつくれることになってしまうわけですね。

ザハ・ハディド氏による新国立競技場のデザインが脱構築のいい例です。あまりにも遊戯が過ぎると、使いにくい上にお金がかかり過ぎてしまうわけです。

脱構築で住めなくなってしまうのは、やはりよいことではありません。安藤忠雄さんの建てる家なども脱構築ですから、トイレが外にあったりして住みにくいのがあるようです。やり過ぎてはいけません。

建築以外でも、ビールのトールグラスなどは脱構築です。「飲む道具」という「向こう側」の根拠を外してしまったから、非常に飲みにくいものになってしまった。**実用性が必要なもので脱構築をやると、使えないものになってしまうわけです。**

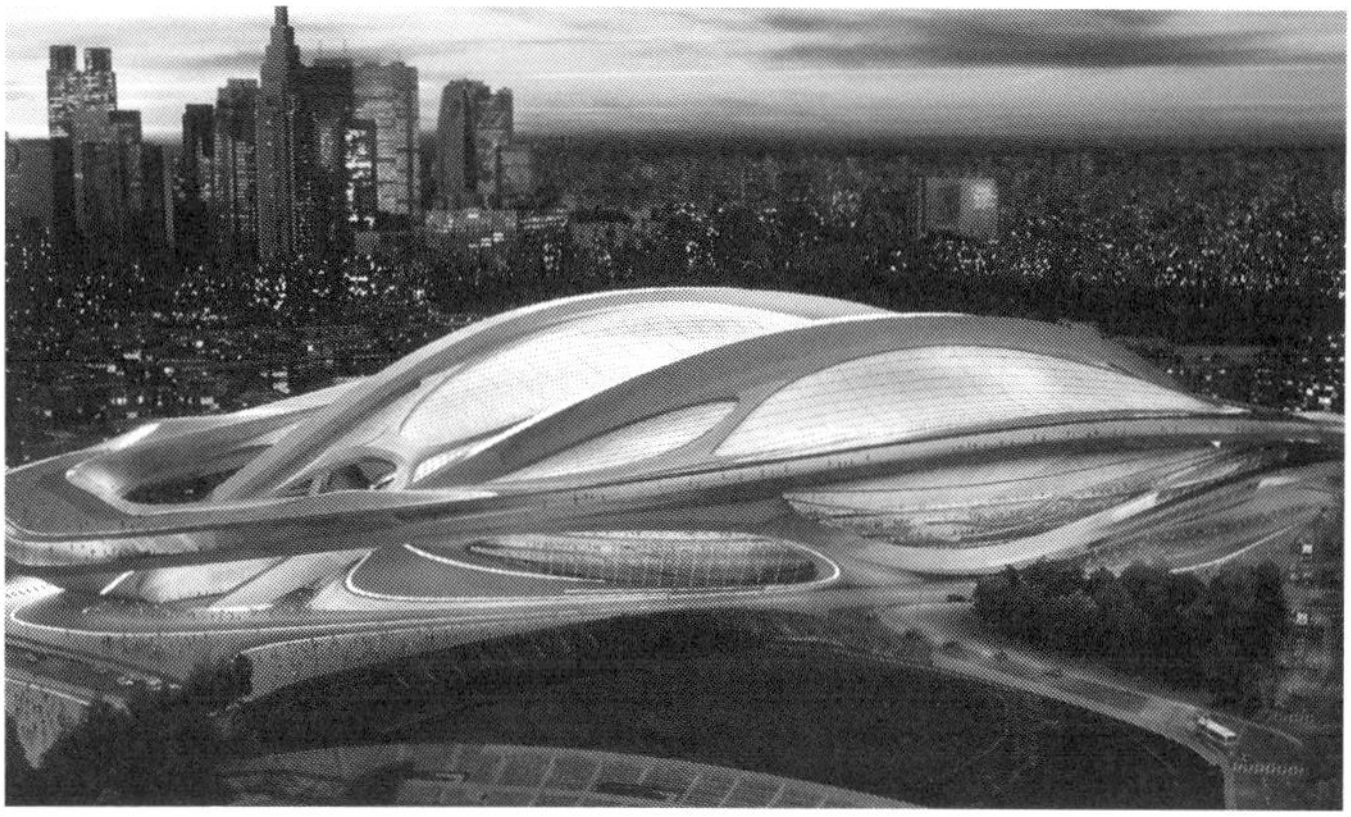

ザハ・ハディド氏による新国立競技場のデザイン
「日本スポーツ振興センター」ウェブサイトより

# 「向こう側」の根拠を無視した「虚構」

脱構築をすると遊戯になると言いましたが、遊戯を「虚構」と言い換えてもいいのです。これは初めから「向こう側」の根拠を無視しています。

たとえば映画でいうと「スキヤキ・ウエスタン ジャンゴ」（三池崇史監督、2007年）などがそうです。壇ノ浦の戦いから数百年後、源氏と平家は宿場町のギャングに成り果てていて、源氏のリーダー源義経と平家のリーダー平清盛が財宝をめぐって激しい対立を繰り広げるという内容でした。これはメチャクチャな虚構ですが、傑作です。

虚構の傑作といえば、赤塚不二夫が生み出した「ウナギイヌ」もそうですね。ウナギイヌがなかったら、現在のいろいろな「ゆるキャラ」も生まれていないでしょう。

「せんとくん」を見たときには面白いと思いましたが、それでもウナギイヌを見たときの衝撃には比較になりません。もう一生ウナギを食えないと思いましたからね。

天才がするのは、ああいう仕事です。天才の仕事は、揺らぎではなく定着してしまいますから。

アニメの「マジンガーZ」も傑作です。ロボットの中に人間が乗り込むというのはイノベーションですよ。これはもう定着しましたね。「パシフィック・リム」（ギレルモ・デル・トロ監督、2013年）というSF映画がそうです。

ウナギイヌ
「赤塚不二夫公認サイト これでいいのだ!!」
ウェブサイトより

せんとくん
「奈良ねっと」ウェブサイトより

アメリカはフレンチセオリーの影響をたいへん大きく受けました。フレンチセオリーが一番いい土壌を見つけたのは、実はアメリカなのです。

アメリカでは映画や芸術が脱構築で次々とつくられました。ＳＦもほとんど脱構築です。なんでも遊戯化していきます。

脱構築は「逆転・誤読・デフォルメ」といわれますが、たとえば映画「アバター」（ジェームズ・キャメロン監督、２００９年）がそうですね。地球人に宇宙人の星を侵略させ、地球人を悪玉に、宇宙人を善玉にしています。これが「逆転」です。

日本でこの趣向を取り入れたのが、ソフトバンクのＣＭです。お父さんが犬ですね。人と犬の地位を逆転させ、白戸家の血縁に誤読し、風呂で鼻歌を歌ったりとデフォルメしています。

**ただ、その虚構を学問の世界でやってはいけません**。たとえば社会科学でやったのが韓国です。ここで詳しく述べるスペースはありませんので、ひとつだけ例をあげておきましょう。

韓国の李朝時代は反商業的で技術革新を排斥し続けたために、顔料・染料や車輪といったものも存在しないくらいでした。ところが、「李朝時代は商品貨幣経済が発達し、近代資本主義の芽が育っていた」「その近代化の芽を日本が摘み、植民統治期にひたすら収奪した」といった虚構の歴史がつくられることとなりました。

ここから生まれたのが韓流の時代劇です。実際には顔料・染料がないから陶磁器も衣服も白いものしかなかったのに（上流階級だけは中国から輸入した、色彩のある品物を持っていましたが）、韓流時代劇は色彩に溢れた世界です。つまり、脱構築のせいで自分たちの姿が見えなくなってしまうのです。

「スキヤキ・ウエスタン ジャンゴ」のように、誰が見ても嘘だとわかる虚構＝遊戯ならよいのですが、韓流時代劇はそうではありません。嘘か真実かわからなくなっています。

現実世界でも、中国やロシアがやっていることは脱構築といえます。彼らは自分たちの本当の姿ではなく、過去の姿を理想化しているのです。プーチンはかつてのロシア皇帝、ツァーリになろうとしているし、中国のいう「中華の夢」も同様です。

「イスラム国」というものも脱構築ではないかと私は思います。あれはイスラム教とはいえないでしょう。自分たちに都合のいい言説をコーランその他いろいろなところから持ってきています。思想のガラクタと宗教のガラクタで再武装しているといっていいでしょう。北朝鮮と似たところがあります。

「イスラム国にしても北朝鮮にしても、乱暴なことをやっていたらいつかは崩壊する、ソビエトが崩壊したように永続するものではない」と考える向きもあるでしょうが、壊れてはまた生まれ、生まれてはまた壊れるということもあります。

もはや国家が、希望に満ちた、理想に燃えた人々によって建設されるなどという時代ではないのです。

ポストモダンの国家は、「カリフ制の再興」などという虚構に集まってくる人々によってつくられます。何の不思議もありません。大学院だって、「曖昧専攻」に学生が集まるのですからね。

「カリフ制の再興」という虚構にスンニー派の若者たちが胸を躍らせ、おそらくこの虚構が暴力性を生んでいるのです。これをかつて私は「宗教ファシズム」と名付けたことがあります。

宗教ファシズムは、このような状況で立ち現れてくる。

私欲が道徳化され、私欲実現社会が完成されたとき、そのたたき出された倫理学にかわり、宗教そのものが生存の意義を教えようと総動員される。それは様々な宗教を組み合わせたガラクタの寄せ集めである。なぜならば既存の宗教では、私欲実現社会に勝てないからである。新たな宗教は、旧宗教たちのように現世維持的であってはならない。「世界」を「永生」する自己に奉仕するものとして逆に担保させるのでなければ、私欲の波濤に抗しきれないからである。こうして、私欲実現社会に疎外された者たちは、私欲にまみれた「世界」に背を向け、宗教を寄せ集めて、おのれを再武装するのである。

（古田博司『東アジア・イデオロギーを超えて』新書館、2003年、136ページ）

国家の中に宗教ファシズム国家をつくりだそうとしたのが、1995年に地下鉄サリン事件を起こしたオウム真理教です。

カリスマの死去を契機とし、国家自体が宗教ファシズム化したのが、1990年代後半からの金正日・北朝鮮でした。このときに北朝鮮は核を得ようと資金を開発に注ぎ込み、人民を飢餓線上に放り出したのです。それで200万人ほどが死にました。

とすれば、次は宗教ファシズム自体が国家を形成するというレベルに達するのは、自然の成り行きではないでしょうか。

# 「向こう側」の根拠はないが役に立つこともある「擬制」

「向こう側」の根拠に近づくのに、先に述べたように、ビル・ゲイツのように直観を得て行く方法もあるし、アパレルメーカーのようにマーカーを集めて接近していく方法もある。あるいは日々実験をしてにじり寄る方法もあります。

ただ、問題がひとつあります。それらをやったけれども、「向こう側」がない。根拠がないことがあるのです。それが「擬制」です。**擬制というのは、「こちら側」に根拠を擬制した、まやかしです。**

**しかし、擬制には有用なものと有用でないものがあります。**

有用性のあるものが「社会契約説」です。契約書など一枚もありませんが、十分に有用でしょう。

政府に自分たちの権利の一部を移譲する代わりに、よい政治を行なってもらうという契約があるという説です。これは擬制ですよ。契約書なんてありませんから。ベンサムがそう書いていています。どこにもそんなものはない、あれこそ擬制の最高例であると。

とはいえ、有効ですよね。**自分のやっていることが擬制であっても、それが有用性のある擬制だったら、自信を持ってやったほうがいいのです。**

また、「時計」も有用な擬制です。時間というものがあるとしての仮定ですが、それを針の動きと文字盤で表しているわけです。だって、時計の動きとあなたの体内時間が合わないことがあるでしょう。田舎ではゆったりとした時間が流れたりします。危険が迫ってくればあなたの視界はフィルムのようにコマ飛ばしになります。

有用性のない擬制、役に立たない擬制の例としては、中国の「防空識別圏」があげられます。これは勝手に線を引いているだけですから。ルール化がちゃんとされていないと役に立たないのです。

もう少し見てみないとわかりませんが、安倍内閣の「一億総活躍社会」などは、「有用性のない擬制《まやかし》」と「虚構《うそ》」の間を揺れています。私は虚構だと踏んでいるので、新聞のコラムにそう書いてしまいました。

ですから、「こちら側」の根拠をあきらめてルールに徹するのであれば、擬制もＯＫでしょう。ルールがない段階で勝手にやってはいけません。

先ほど述べた虚構は擬制とは違って、「向こう側」の根拠を無視する、つまり遊戯です。ですから芸術関係ならＯＫですが、それを学問の上でですると、社会混乱に結びついてしまいます。

ただ、擬制だということにはなかなか気づかないものです。私自身も朝鮮研究を40年ぐらいやって、やっとわかりました。「朝鮮半島は廊下だ」ということが。「朝鮮はずっと自立していた歴史がある」というのが擬制だったわけです。

気づくのになぜそんなに時間がかかったのかというと、前の研究者たちの研究が邪魔になるのです。本当の天才といわれる人は、そういう邪魔な遮蔽物を一瞬にして取り除ける人です。私はそうではないから、時間がかかってしまいました。

おかげで40年間、朝鮮だけを研究してしまいましたが、もっと早く気がついていたら、満洲・シナ・朝鮮の3つをあわせて研究していたでしょう。ここに気がつかず、結局、朝鮮だけで終わってしまった。実に残念です。それが悔しいから、今、ちょっと暴れているわけです。

哲学の話からちょっと外れますが、私がやっと気づいた「朝鮮半島廊下立国説」を簡単にご紹介しましょう。

# 「直観」した朝鮮半島の歴史

朝鮮半島の西側は山のない平坦な廊下です。異民族がきても守れないので、王様はすぐに逃げます。江華島という島には逃亡時の仮の王宮までありました。

必ず負けますが、負けた後に2つの戦略があります。ひとつは、モンゴルや日本統治の時のように自由経済に完全に巻き込まれてコリアンではなくなるやり方。高麗の王様のようにミスキャブドルジという朝青龍のような名前になったり、朴槿恵大統領のお父さんの朴正熙さんのように満洲国の将校になって高木正雄と名乗ったりします。自立のない時代ですね。

逆に国境を閉じて防衛経済の時代になるのが、李朝時代と北朝鮮です。自由な商業を許さないので国は貧窮化しますが、支配階級のために特権商人が買い出しに行きます。李朝では朝貢使節に彼らがついて行って北京でショッピングします。

北朝鮮では39号室という部署配下の貿易商社が買い付けます。李朝は朱子学で武装して満洲族の清を野蛮人だと内心侮蔑し、婚姻などを強制されるとさまざまに誤魔化しました。良家の子女を差し出せと言われると、酒場女を送ったりしました。「馬送れ」は、分割払いにして頭数を誤魔化します。

北朝鮮は主体思想で武装して中国の要求をはねのけます。北朝鮮が中国の子分だと思っている人は誤りです。さまざまな抵抗と誤魔化しで自立を守ろうとします。

自律時代は貧困ですが抵抗で安定を得ます。他律時代はそこそこの経済と民族喪失ということになります。モンゴルの元などは、高麗王の首のすげ替えまでしました。

どちらが長く続くかというと、自律時代です。李朝は518年も続きました。北朝鮮は、安定性がある上に核を持ったのですからもう潰れません。

これが「朝鮮半島廊下立国説」です。これは一瞬にして「向こう側」から来ました。それですぐ言語化し、超越してモデル形成したのです。

「向こう側」から来るものは、必ず「AはBだ」というような単純な形で来ます。「朝鮮半島は廊下だ」とか、「李朝は北朝鮮だ」という形になります。最後の北朝鮮と核うんぬんというのは、先見性です。

学会でも朝鮮半島を他の地域と分けているから、全体像がつかめないのです。朝鮮史部会と東洋史部会という別の部会が存在しています。こんなバカな話がありますか。

こうなったのも、朝鮮研究者が朝鮮と他の地域を対等だと思いたかったからです。対等なわけがないでしょう。東アジアに対等なんかない。そのことも、やっと気がつきました。

シナ地域の王朝は代々朝鮮を侵略したりしません。異民族が来ると挟撃するためです。挟撃を恐れたモンゴル族や満洲族はまず朝鮮を占領します。シナにとっては時間稼ぎです。

シナ地域は「主の替る壺」のようなもので、ここに技術や芸術や食料が詰まっています。異民族は征服すると主になり、当時の先進的なものを全部得ます。

朝鮮はこの先進国の横に垂れさがっている貧窮の「行き止まりの廊下」です。壺から優秀なものをもらうので、自分でつくる意欲がありません。針も車もつくれないまま、近代日本に呑み込まれました。

国は守れないのが前提ですから、民衆は為政者を信頼しません。為政者は民衆が言うことを聞かないので強権政治で臨みます。不信と強権がこの国の政体の特徴になります。

戦前は満洲・シナ・朝鮮を3つ合わせて研究していたのです。戦後になって切り離してしまった。なぜ切り離したかというと、北朝鮮があったからです。左翼の研究者が、北朝鮮を自立させたかったのです。それだけの意図で何も見えなくなりました。

私は最後に3つを合わせた本を書いてやろうと思って、いま一生懸命勉強しているところです。

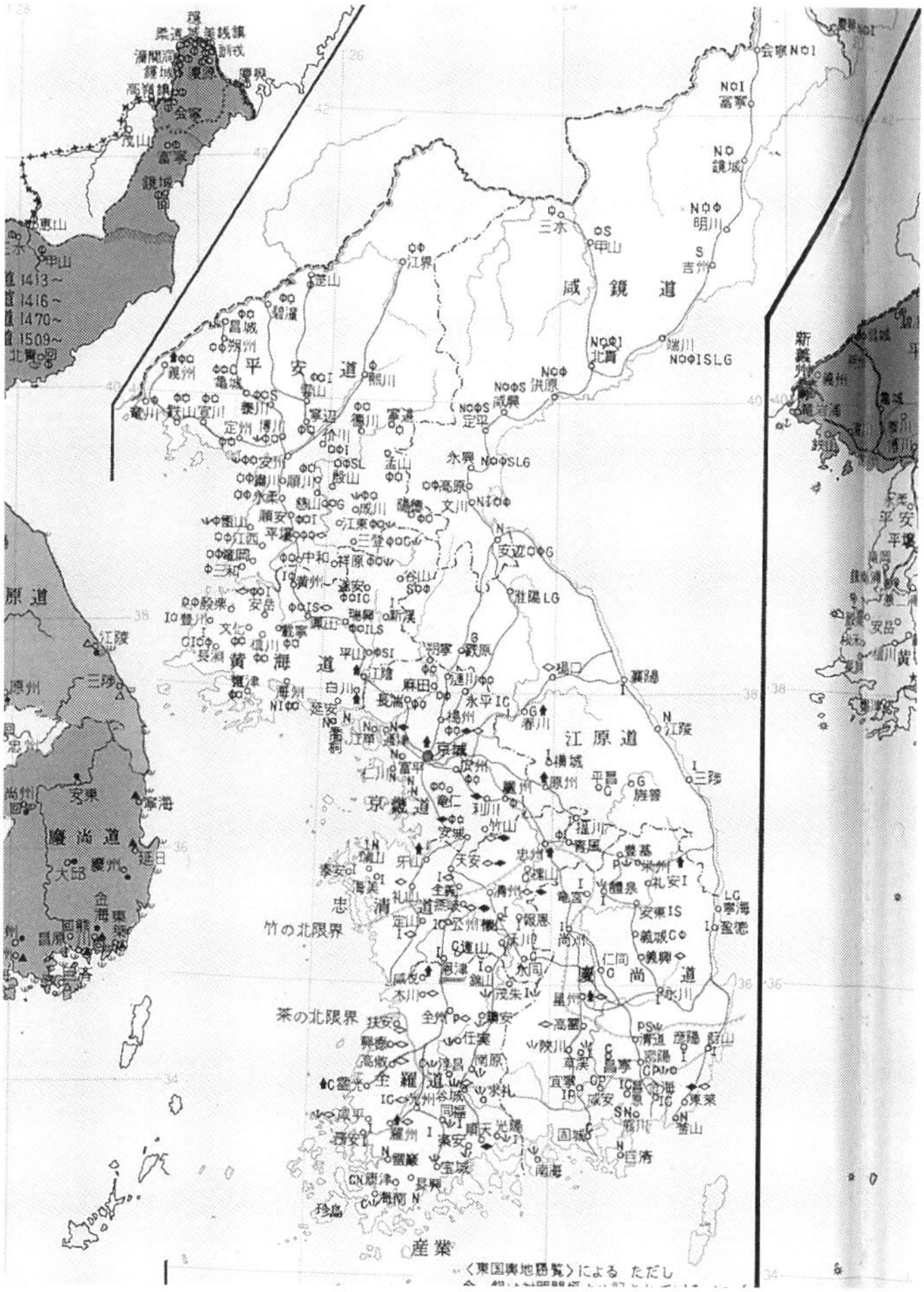


朝鮮半島の地図

朝鮮半島の北が空白になっているため、大陸との連続性がわからなくなっている。
松田寿男・森鹿三編『アジア歴史地図』平凡社、1966年、90ページ

# 擬制と虚構の中で生きる

以上に述べたように、近代以後の世界というのは、擬制や虚構に満ち溢れた世界です。ですから、「これは虚構なんだな」「擬制なんだな」とわかっていて対処しないと危ないでしょう。

たとえば、私は大学院に「国際公共政策専攻」という専攻をつくりましたが、これは虚構です。しかし、その虚構で生きていくしかありません。35人も先生がいるのですから。

そして、その専攻長になると、上からミッションを定義しろと言ってきます。となればなんとかひねり出しますよ。全部、虚構だとわかりながらやっているわけです。

**では、「向こう側」に根拠がないかどうかをどう判断するかといえば、それは直観によるしかありません。**たとえば建築の「向こう側」が「居場所」だというのは、超越してとらえるしかない。

「居場所」というのがわかれば、脱構築の建築家たちが「居場所」を外そうとしているのだとわかるから、彼らの建築物は住みづらいものだということがわかるわけです。

「向こう側」が何かということはずっと考え続けるしかありません。考え続けていると、あるとき、フッと浮かぶものなのです。

実は、人間のつくった組織の中で「向こう側」があるのは、前にも言いましたが、国家だけかもしれません。あとは全部、擬制か虚構だという気がしています。

というのは、人類の歴史をずっと考えてみると、結局、常に存在するのは国家だけだからです。政体はさまざまに変わります。王朝は消え、民主主義が現れ、社会主義は現れてすぐ終わってしまった。

ですから、政体や政体にまつわる思想や主義といったものはほとんどが擬制か虚構なのだと思います。しかし、国家はいつもあります。ということは、たぶん国家には「向こう側」があるのではないかと思うのです。

それでずっと、国家の「向こう側」は何かと考えているのですが、なかなかわかりません。

**われわれは虚構や擬制に囲まれていますから、いつも考えていたほうがいい。**虚構を強要されたら、しかたがないからミッションをでっち上げるしかありません。われわれはそうやって生きているのです。

# 個人的に悩むのは意味がない

ここまでこの本を読んでいただいて、何か得るものがあったでしょうか。あったと思っていただければ大変うれしいです。**なぜならそれが「教養」だと思うからです。**

近代では教養とはなにか個人的に積み重ねるようなものと思われていましたが、「こちら側」だけでは普遍知などは手に入らないのですから、積み重ねようなんて無理な話です。

それは知性が描く軌跡のようなものではないでしょうか。**ある人が描き、そこにまたある人の軌跡が交差していけばいいのです。**

「無知の不快」をできる限り減らし、力《フォース》を「向こう側」から受けやすくし、「こちら側」

をわかりやすく快適にするのが、「向こう側」の哲学の意味だと信じています。

ニヒリズムとはもちろん関係がありません。ニヒリズムというのは、ニーチェ（1844〜1900）のように「向こう側」を否定してしまうことです。「向こう側」もないから、「こちら側」もない、全部虚妄だというある意味で最も強力な全否定です。

ニヒリズムより、ニヒルであることのほうがよいのではないでしょうか。「こちら側」だけで、すねたり、ひねくれたりしても別に「幸福の量」は減りませんから。

いろいろ試みて、「こちら側」の無根拠に耐えて、「向こう側」の根拠へと超越してみてください。

やっているうちに老年になってしまいますから、悩むひまなんかありません。人生の意味で悩むことほど無意味なことはありません。個人的に悩んだとしても、誰の知性の軌跡とも交差しませんから教養にもなりません。

**毎日コツコツ仕事し、次の段階を準備し、そしてときどき、大胆に飛びましょう。**プライドは「向こう側」がくれます。

**フリードリヒ・ニーチェ**

ドイツの哲学者。弱者の奴隷道徳としてキリスト教を批判し「神は死んだ」と宣言した。

# 使える哲学

発行日　2015年12月20日　第1刷

Author　古田博司

Illustrator　奈木一星
Book Designer　小林祐司

Publication　株式会社ディスカヴァー・トゥエンティワン
〒102-0093　東京都千代田区平河町2-16-1 平河町森タワー11F
TEL　03-3237-8321（代表）　FAX　03-3237-8323
http://www.d21.co.jp

Publisher　干場弓子
Editor　藤田浩芳

Marketing Group
Staff　小田孝文　中澤泰宏　片平美恵子　吉澤道子　井筒浩　小関勝則　千葉潤子　飯田智樹　佐藤昌幸　谷口奈緒美　山中麻吏　西川なつか　古矢薫　伊藤利文　米山健一　原大士　郭迪　松原史与志　蛯原昇　中山大祐　林拓馬　安永智洋　鍋田匠伴　榊原僚　佐竹祐哉　塔下太朗　廣内悠理　安達情未　伊東佑真　梅本翔太　奥田千晶　田中姫菜　橋本莉奈　川島理　倉田華　牧野類　渡辺基志
Assistant Staff　俵敬子　町田加奈子　丸山香織　小林里美　井澤徳子　藤井多穂子　藤井かおり　葛目美枝子　竹内恵子　清水有基栄　小松里絵　川井栄子　伊藤由美　伊藤香　阿部薫　常徳すみ　三塚ゆり子　イエン・サムハマ　南かれん

Operation Group
Staff　松尾幸政　田中亜紀　中村郁子　福永友紀　山﨑あゆみ　杉田彰子

Productive Group
Staff　千葉正幸　原典宏　林秀樹　三谷祐一　石橋和佳　大山聡子　大竹朝子　堀部直人　井上慎平　松石悠　木下智尋　伍佳妮　賴奕璇

Proofreader　文字工房燦光
Printing　中央精版印刷株式会社

・定価はカバーに表示してあります。本書の無断転載・複写は、著作権法上での例外を除き禁じられています。インターネット、モバイル等の電子メディアにおける無断転載ならびに第三者によるスキャンやデジタル化もこれに準じます。
・乱丁・落丁本はお取り換えいたしますので、小社「不良品交換係」まで着払いにてお送りください。

ISBN978-4-7993-1823-2
©Hiroshi Furuta, 2015, Printed in Japan.

ディスカヴァーのおすすめ本

# ビジネス書アワード2冠受賞！

## 経営戦略全史
三谷宏治

「ハーバード・ビジネス・レビュー読者が選ぶベスト経営書2013」「ビジネス書大賞2014」ダブル受賞！ この100年間に登場した90余りの戦略コンセプトを紹介。経営学界の巨人たちの冒険活劇を読むかのように楽しめます。

定価2800円（税別）

＊お近くの書店にない場合は小社サイト（http://www.d21.co.jp）やオンライン書店（アマゾン、楽天ブックス、ブックサービス、honto、セブンネットショッピングほか）にてお求めください。挟み込みの愛読者カードやお電話でもご注文いただけます。03-3237-8321㈹

ディスカヴァーの**おすすめ本**

## 哲学に学ぶ思考法

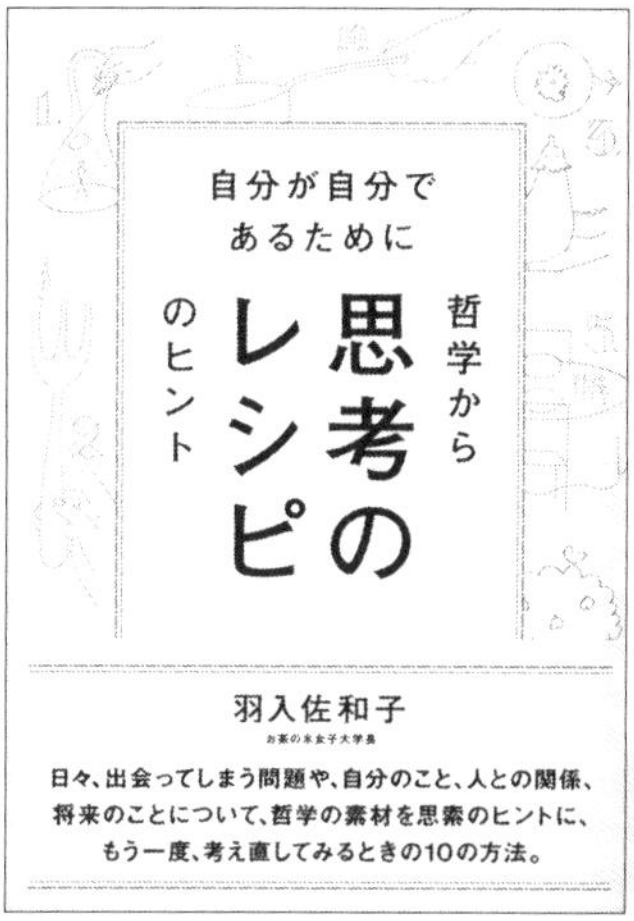


### 思考のレシピ
羽入佐和子

日々出会う問題、自分のこと、人との関係、将来のことについて、哲学の素材を思考のヒントにもう一度考え直してみるときの 10 の方法。哲学者でありお茶の水女子大学学長を務める著者による初の一般書。

定価 1500 円（税別）

＊お近くの書店にない場合は小社サイト（http://www.d21.co.jp）やオンライン書店（アマゾン、楽天ブックス、ブックサービス、honto、セブンネットショッピングほか）にてお求めください。挟み込みの愛読者カードやお電話でもご注文いただけます。03-3237-8321㈹

ディスカヴァーの**おすすめ本**

## クリエイティブな日常を！

### ピカソ思考
小川仁志

破天荒で独創的な人生をピカソに学べ！　異色の哲学者が徹底解説、自分の中のピカソを見つけ、クリエイティブに考え、生きるための 52 のレッスン。ルーティンから抜け出し、アイデアが湧き出てワクワクする日々が始まる。

定価 1500 円（税別）

＊お近くの書店にない場合は小社サイト（http://www.d21.co.jp）やオンライン書店（アマゾン、楽天ブックス、ブックサービス、honto、セブンネットショッピングほか）にてお求めください。挟み込みの愛読者カードやお電話でもご注文いただけます。03-3237-8321㈹